Die „etwas andere" Weltgeschichte des Johannes Trithemius

Enthaltend:

Chronologia mystica de septem secundeis

in deutscher Übersetzung

Bibliografische Information der Deutschen Nationalbibliothek:
Die Deutsche Nationalbibliothek verzeichnet diese Publikation
in der Deutschen Nationalbibliografie; detaillierte bibliografische
Daten sind im Internet über http://dnb.dnb.de abrufbar.

Überarbeitete Ausgabe 2018

christoph.daeppen@bluewin.ch

Herstellung und Verlag:
BoD – Books on Demand, Norderstedt

ISBN 9783839149409

Einleitung

Johannes Trithemius war schon zu seinen Lebzeiten eine Legende. Er lebte und wirkte an der Schwelle zwischen Mittelalter und Renaissance und stand dadurch quasi auf beiden Seiten dieses epochalen Übergangs, den er in seinem Umfeld wohl als einer der ersten bewältigte und damit den Weg in die neue Zeit wies. Als Sohn eines einfachen Winzers kam er im Flecken Trittenheim bei Trier anno 1452 zur Welt, als weitherum berühmter und wegen seiner Neigung zur Magie auch berüchtigter Abt starb er 1516 in Würzburg.

Von Trithemius ist eine Vielzahl von Schriften zu allen möglichen Themen überliefert; er war ungemein belesen und vielseitig interessiert, und einer seiner grössten Verdienste in seiner Amtszeit als Abt in Sponheim war der Ausbau der Bibliothek von ein paar armseligen Büchern zu einem ansehnlichen Bestand von über 2000 prächtigen Bänden. Die Anziehungs- und Ausstrahlungskraft dieser Bibliothek muss enorm gewesen sein, denn die bibliophilen Humanisten jener Zeit nahmen lange Wege in Kauf, um sie aufzusuchen. Viele seiner Zeitgenossen aber hielten Trithemius für einen veritablen Magier, dem man besser aus dem Weg ging; und er schien sogar mit diesem Ruf kokettiert zu haben, so dass er selbst seinen Landesherrn Kaiser Maximilian mit einer Geisterbeschwörung dermassen erschreckte, dass dieser ihn anherrschte: „Mönch, mache mir der Possen keine mehr!" [1]

Auch seine literarischen Ausflüge in die Geschichte wurden ihm später sehr übelgenommen, und schon seit dem 18. Jahrhundert gilt Trithemius als einer der grössten Geschichtsfälscher überhaupt. So hat etwa Leibniz für Trithemius nicht nur lobende Worte geäussert: „Trithemius

---

[1] Siehe Anhang C.
Zu den magischen Aspekten in Trithemius' Werk siehe Brann: „Trithemius and Magical Theology"; New York 1999.

war ein bedeutender Mann, doch von grossem eher als untadeligem Ruf. Allgemeine Zustimmung wäre ihm sicher gewesen, hätte er sich mit wohlbegründetem Lob begnügt, statt durch Erfindung von Hirngespinsten nach eitlem Ruhm zu streben. Er verfügte ja über mathematische ebenso wie über chemische Kenntnisse, in theologischer Gelehrsamkeit aber stand er so leicht keinem seiner Ordensbrüder nach, und vollends König war er in der Geschichte, die er unverfälscht hätte darstellen können anhand der vielen, seltenen Handschriften, die er in Augenschein genommen und gelesen hatte, mochte er das seinem Fleiss zu verdanken haben oder einem Finderglück, das wir noch heute, wo fast alle Schreine ausgeplündert sind, bestaunen. Trithemius aber, so wie er in den Naturwissenschaften nach dem Ruhm eines Magiers trachtete, hielt es in der Geschichte für ehrenvoll, die Bestrebungen von Fürsten durch auf Beifall berechnete Fiktionen in die Irre zu führen. So erdichtete er Hunibald und ähnliches Zeug, führte er Genealogien weiter, als seine Forschungsergebnisse zuliessen" - und an anderer Stelle: „Trithemius hat die Fürsten der Franken von Troja an verzeichnet. Dabei schöpfte er aus einem gewissen Hunibald, den er aber offenbar selbst erfunden hat." [2]

Leibniz' Vorwurf an Trithemius, dieser habe Geschichte(n) nach dem Mund der auftraggebenden Fürsten fabuliert, ist insofern zu relativieren, als Leibniz selbst in diesem Geschäft tätig war. Aber in der Tat ist Trithemius' Ruf - nicht nur als Historiker - seit dem Zeitpunkt, als man die Fränkische Chronik des Hunibald als sein eigenes Machwerk entlarvt zu haben glaubte, schwerstens beschädigt. Und in den kulturkämpferischen Jahren ab etwa 1860 wurde von progressiver Seite umso stärker auf Trithemius eingedroschen, als er als einer der letzten Vertreter der vorreformatorischen Geisteshaltung und damit der „pfäffischen Religion" galt. Es

---

[2] Babin, van den Heuvel (Hrsg.): „Gottfried Wilhelm Leibniz, Schriften und Briefe zur Geschichte"; Hannover 2004.

war dann aber ausgerechnet der berühmte „Fälscherkongress"
1986 in München, der eine teilweise Rehabilitation des
Historikers Trithemius hervorbrachte. In dem Beitrag „Auf
der Suche nach der verlorenen Zeit: Die historiographischen
Fiktionen des Johannes Trithemius im Lichte seines
wissenschaftlichen Selbstverständnisses" kann der Autor
Nikolaus Staubach glaubhaft darlegen, dass Trithemius'
Geschichtsfälschungen einem ernsthaften visionären Ringen
um die Geheimnisse der Vergangenheit abgerungen sind, also
quasi einer „Rekonstruktion verlorener Überlieferung aus
prophetischem Geist". [3]

Einen tieferen Einblick in Trithemius'
Geschichtsverständnis ermöglicht nun die Lektüre der
„Chronologia mystica de septem secundeis" - einem
Schlüsselwerk der Chronologie, wie sich im folgenden zeigen
wird. Dieses knapp gehaltene und seltsame Werk aus dem Jahr
1508 (erstmals gedruckt 1545 in Augsburg) wurde von
Trithemius wahrscheinlich auf Verlangen Kaiser Maximilians
verfasst. In der vorliegenden Arbeit[4] wird diese Schrift
hinsichtlich ihrer chronologischen Besonderheiten untersucht,
insbesondere auch unter jenen Aspekten, die für die moderne
Chronologie- und Geschichtskritik von Bedeutung sind.
Trithemius betätigt sich an der einen oder anderen Stelle selbst
als Geschichtskritiker, und überhaupt scheint er eine Art innere
Distanz zu den von ihm kolportierten Geschichten zu pflegen,
lässt er doch eine gewisse Skepsis durchscheinen, ob das zu
seiner Zeit gängige geschichtliche Szenario überhaupt
glaubhaft ist.

---

[3] „Fälschungen im Mittelalter"; Internationaler Kongress der
Monumenta Germaniae Historica; Hannover 1988.
[4] Die Anregung zu diesem Buch kam von einem Beitrag von Volker
Dübbers im Forum für Geschichte und Chronologie am 13. März
2007: „Bei unserem berühmten Abt Trithemius kann sich jeder selbst
ein Bild machen, wie Chronologie astrologisch entstand. Er ist
übrigens ein weit unterschätzter Kandidat, wenn es um
Geschichtsschreibung und Chronologie geht." (http://de.geschichte-
chronologie.de)

Die hier vorliegende — und meines Wissens erste - deutsche Übersetzung beruht im wesentlichen auf der englischen Übersetzung des Astrologen William Lilly aus dem Jahr 1647, die auf verschiedenen Internet-Seiten[5] zu finden ist. Kritische Stellen wurden zudem mit dem lateinischen Text[6] abgeglichen, um sinnentstellende Fehler oder Lücken möglichst ausschliessen zu können.

---

[5] www.renaissanceastrology.com/heavenlyintelligences.html
[6] Johannes Trithemius: Opera Historica, Frankfurt 1601. Als *Book on Demand* bei AstroLogos Books, New York, 2007.

Chronologia
mystica
de
septem
secundeis

De septem secundeis, id est, Intelligentiis sive Spiritibus orbem post Deum moventibus, libellus sive Chronologia mystica, multa scituque digna, mira brevitate in se complectens arcana.

Iohannis Trithemii abbatis Spanheymensis Epistola in libellum de intelligentiis coelestibus, orbes post Deum gubernantibus.

***

Über die sieben Sekundanten, das sind Intelligenzen oder Geister, die nach Gott die Welt bewegen, ein kleines Buch, genannt die mystische Chronologie, sehr klug und würdig, in bewundernswerter Kürze das Geheimnis enthüllend.

Aus den Briefen und Notizen des Johannes Trithemius, Abt zu Spanheim, über die himmlischen Intelligenzen, die nach Gott die Welten regieren.

Gewidmet dem göttlichen Maximilian.

Klügster Cäsar, es ist die Meinung sehr vieler der Alten, dass diese untergeordnete Welt, gegeben durch den ersten Intellekt (welcher Gott ist), durch sekundierende Intelligenzen geführt und geordnet ist, zu welcher Ansicht der Conciliator Medicorum beiträgt, der sagt, dass seit dem Anfang der Welt und des Himmels, sieben Geistwesen als Führer der sieben Planeten bestimmt waren. Von diesen regierte jeder die Welt 354 Jahre und 4 Monate in Folge. Diese Ansicht wurde von vielen äusserst gelehrten Männern geteilt, zu denen ich mich freilich nicht rechne, sondern lediglich versuche, sie Ihrer höchstheiligen Majestät zu unterbreiten.

I

Der erste Engel oder Geist des Saturn, genannt Orifiel, dem Gott die Herrschaft über die Welt auftrug vom Anbeginn ihrer Schöpfung, begann seine Herrschaft am 15. Tag des Monats März im 1. Jahr der Welt, und sie dauerte 354 Jahre und 4 Monate.

Der Name Orifiel bezieht sich wohlgemerkt nicht auf seine Natur, sondern auf seine Aufgabe. Er ist diesem Geist in Anbetracht seiner Taten gegeben: Unter seiner Herrschaft waren die Menschen grobschlächtig, und sie hausten zusammen in der Wüste und an unwohnlichen Plätzen in der Art der wilden Tiere. Diese Tatsachen erfordern meinerseits keinerlei Beweisführung, denn sie ergeben sich zwingend aus dem Text der Genesis.

II

Der zweite Herrscher der Welt ist Anael, der Geist der Venus, der seine Herrschaft nach Orifiel gemäss dem Einfluss dieses Planeten im Jahr der Welt 354 im 4. Monat, d.h. am 24. Tag des Monats Juni begann; und er regierte die Welt 354 Jahre und 4 Monate bis zum Jahr 708 ab Erschaffung der Welt, wie aus der Berechnung der Zeitalter ersichtlich ist.

Unter dem Regiment dieses Engels wurden die Menschen zivilisierter, bauten Häuser und Städte, erfanden das Handwerk, so etwa das Weben, Spinnen, Schneidern und dergleichen; sie gaben sich ganz den Freuden des Fleisches hin, nahmen sich hübsche Frauen als Weiber, vergassen Gott und fielen in mancher Hinsicht ab von ihrer natürlichen Einfachheit; sie erfanden Spiele, Lieder und sangen zur Harfe, und sie dachten sich alles aus, was dazu diente, die Venus anzubeten. Dieses laszive Leben der Menschen dauerte bis zur

Sintflut, so dass man schlecht beraten ist, ein so saumässiges Leben zu führen.

III

Als Dritter begann Zachariel, der Engel Jupiters, die Welt im Jahr der Erschaffung von Himmel und Erde 708 am 26. Tag des Monats Oktober zu regieren; und er regierte die Welt 354 Jahre und 4 Monate bis und mit dem Jahr der Schöpfung 1063.

Unter seiner Verwaltung begannen die Menschen erstmals, einer über den andern zu dominieren; sie begannen zu jagen, machten Zelte, schmückten ihre Körper mit verschiedenen Kleidern; und es entstand eine grosse Zwietracht zwischen den guten und den schlechten Leuten; die Frommen beteten Gott an, so wie Henoch, der von Gott in den Himmel entrückt wurde, und die Falschen rannten in die liebreizenden Fallen des lockenden Fleisches.

Zugleich begannen die Menschen unter der Herrschaft des Zachariel zivilisierter zu leben, sich den Gesetzen und Vorschriften ihrer Vorfahren zu unterwerfen, und sie wurden herausgeholt aus ihrer früheren Wildheit.

Unter seiner Herrschaft starb Adam, der erste Mensch, als bleibendes Zeugnis für alle Nachkommen, dass wir notwendig einmal sterben müssen.

Verschiedene Künste und Erfindungen des Menschen kamen damals auf und zeugen für sich selbst, wovon die Historiker noch besser erzählen können.

IV

Der vierte Rektor der Welt war Raphael, der Geist des Merkur, der im Jahr 1063 der Erschaffung des Himmels und der Erde am 24. Tag des Februar begann; und er präsidierte 354 Jahre und 4 Monate, und seine Regierung dauerte bis zum Jahr der Welt 1417 im 4. Monat.

In jener Zeit wurde die Schrift erfunden, und aus Bäumen und Pflanzen wurde Papier geschöpft, selbstverständlich im Lauf der Zeit in immer schönerer Form, und die Nationen veränderten die Form der Buchstaben nach ihrem eigenen Geschmack. Der Gebrauch musikalischer Instrumente vervielfachte sich unter der Herrschaft Raphaels, und Handel und Geschäfte zwischen den Menschen wurde damals erstmals erfunden. Die unschuldige Kühnheit jener Zeit gebar die Navigation, und so gab es viele derartige Sachen.

V

Der fünfte Herrscher der Welt war Samuel, der Engel des Mars, der am 26. Tag des Monats Juni im Jahr der Welt 1417 begann; und er regierte 354 Jahre und 4 Monate bis zum Jahr der Welt 1771 im 8. Monat.

Unter seiner Regierung imitierten die Menschen die Natur des Mars, ebenfalls unter der Herrschaft dieses Engels geschah die universelle Flut des Wassers im Jahr der Welt 1656, wie offensichtlich aus der Geschichte der Genesis hervorgeht.

Und es ist zu beachten, was die alten Philosophen überlieferten, dass nämlich immer dann, wenn Samuel, der Engel des Mars, der Beherrscher der Welt ist, immer auch bedeutende Veränderungen in der Monarchie anheben; Religionen und Sekten wechseln sich ab; Gesetze werden geändert; Fürstentümer und Königreiche werden Fremden übergeben, was wir leicht durch das Studium der Geschichte herausfinden können.

Allerdings hat Samuel nicht sofort am Anfang seiner Herrschaft die Veranlagung seines Benehmens und seiner Gebräuche manifest gemacht, sondern erst als die Mitte seiner Regierungszeit überschritten war, was sehr gut zu verstehen ist, wenn man die Engel der anderen Planeten betrachtet (wie manchmal aus der Geschichte hervorgeht), die alle ihren Einfluss herunter senden gemäss den Eigenschaften ihrer Sterne, um damit auf die untergeordneten Körper dieser Welt einzuwirken.

VI

Der sechste Engel der Welt war Gabriel, der Engel des Mondes, der nach Samuel und Mars am 28. Tag des Oktober im Jahr der Welt 1771 im 8. Monat anfing; und er regierte die Welt 354 Jahre und 4 Monate bis zum Jahr der Welt 2126.

Wiederum haben sich die Menschen in dieser Zeit sehr vermehrt, und sie bauten viele Städte.

Wir müssen anmerken, dass die Hebräer bestätigen, dass die allgemeine Flut im Jahr der Welt 1656 unter der Führung des Mars war. Doch die Übersetzer der Septuaginta, Isidorus und Beda, behaupten, die Flut wäre im Jahr der Welt 2242 unter dem Regiment von Gabriel, dem Engel des Mondes, gewesen, was mir bei korrekter Multiplikation nahe an der Wahrheit zu liegen scheint, doch ist jetzt nicht die Zeit, sich hierüber zu äussern.

VII

Michael, der Engel der Sonne, war der siebte Herrscher der Welt und begann am 24. Februar im Jahr der Welt 2126 nach gewöhnlicher Rechnung; und er regierte die Welt 354 Jahre und 4 Monate bis zum Alter der Welt 2480 im 4. Monat.

Unter der Herrschaft des Engels der Sonne, was sogar die Geschichte wahrhaft bezeugt, kamen erstmals Könige unter den Sterblichen auf, von denen Nimrod der erste war, der mit einem zwiespältigen Verlangen nach Souveränität seine Mitmenschen tyrannisierte.

Die Anbetung verschiedener Götter wurde aufgrund der Dummheit der Menschen erstmals zur Institution, und sie begannen ihre kleinen Fürsten wie Götter zu bewundern.

Etwa zu dieser Zeit wurden die ernsthaften Künste von den Menschen erfunden: nämlich Mathematik, Astronomie, Magie.

Die Anbetung, die zuvor nur dem einen Gott gewährt wurde, wurde nun diversen Kreaturen zuteil: das Wissen um den wahren Gott und die gläubige Furcht der Leute gingen nach und nach vergessen.

Etwa in diesen Zeiten wurde die Architektur erfunden, und die Menschen begannen, öffentliche Ordnung, Sitten und Institutionen zu gebrauchen.

VIII

Von da an begann an achter Stelle in der Reihe wiederum Orifiel, der Engel Saturns, die Welt zu regieren, nämlich am 26. Tag des Monats Juni im Jahr 2480 seit Anfang der Welt, im 4. Monat; und er regierte zum zweiten Mal 354 Jahre und 4 Monate bis zum Jahr der Welt 2834 im 8. Monat.

Unter der Regel dieses Engels wurden die Nationen vervielfacht, und die Welt wurde in Regionen unterteilt; und viele Königreiche wurden eingerichtet.

Der Turm zu Babel wurde gebaut; die Verwirrung der Sprachen setzte damals ein, und die Menschen wurden in jeden Teil der Welt zerstreut.

Die Menschen begannen, die Erde sorgfältiger zu bearbeiten und Felder abzustecken; sie säten Korn, pflanzten Weinberge, setzen Bäume, und behandelten mit grösserer Sorgfalt, was ihnen als Nahrung und Kleidung diente.

Ab dieser Zeit begannen die Menschen erstmals, eine Unterscheidung aufgrund der Nobilität vorzunehmen, d.h. wenn Menschen in der Art zu leben und in ihrer Weisheit andere Menschen übertrafen, indem sie Trophäen des Ruhmes von den Grossen dieser Welt erhielten als Belohnung für ihre Verdienste.

Erst jetzt gelangten die Menschen in Kenntnis der ganzen Welt, während die Nationen vervielfacht wurden, viele Königreiche emporkamen, und viele verschiedene Sprachen entstanden.

IX

An neunter Stelle in Folge begann Anael, der Engel der Venus, wiederum die Welt zu regieren am 29. Tag des Oktober im Jahr der Erschaffung von Himmel und Erde 2834, im 8. Monat; und er präsidierte 354 Jahr und 4 Monate bis zum Jahr der Welt 3189.

In diesen Zeiten vergassen die Menschen den wahren Gott, begannen die Toten zu ehren und ihre Statuen als Götter anzubeten; dieser Irrtum hat die Welt für mehr als 2000 Jahre angesteckt.

Die Menschen dachten sich nun seltsame und kostspielige Ornamente aus, um ihre Körper noch besser zur Geltung zu bringen und zu schmücken; sie erfanden verschiedene Musikinstrumente; wiederum ergingen sich die Menschen zu sehr der Lust und den Freuden des Fleisches; sie errichteten und widmeten Statuen und Tempel für ihre Götter.

Zauberkunst und Beschwörungen wurden (nebst anderen) erstmals ausgedacht von Zoroaster, König der Baktrier, der von Ninus, König von Assyrien, im Krieg besiegt wurde.

X

In der Folge an zehnter Stelle begann Zachariel, der Engel Jupiters, wiederum zu regieren am letzten Tag des Monats Februar, im Jahr der Einrichtung von Himmel und Erde 3189, und er regierte gemäss seiner Art 354 Jahre und 4 Monate bis zum Jahr der Welt 3543 im 4. Monat.

Das waren glückliche Tage, und sie könnten wahrhaft golden genannt werden, da es genug von allerlei nützlichen Sachen gab, die sehr zur Vergrösserung der Menschheit beitrugen und den Dingen dieser Welt aussergewöhnliche Zierde verliehen.

In ebendieser Weise zu dieser Zeit gab Gott Abraham das Gesetz der Beschneidung und versprach zum ersten Mal die Erlösung der Menschheit durch die Inkarnation seines einzigen erzeugten Sohnes.

Unter der Herrschaft dieses Engels waren die Patriarchen, die Begründer des Rechts, berühmt; und die Rechtschaffenen wurden von den Gottlosen getrennt, durch ihr eigenes aufrichtiges Bemühen und ihre Zustimmung.

Etwa in dieser Zeit in Arkadien wurde Jupiter berühmt, der auch Lysanias genannt wurde, der Sohn des Himmels und Gottes, ein König, der als erster den Arkadiern Gesetze gab. Er machte sie sehr zivilisiert in ihrem Benehmen und Verhalten, unterrichtete sie in der Anbetung Gottes, errichtete Tempel, setzte Priester ein, veranlasste viele vorteilhafte Fortschritte für die Menschheit, und wegen all seiner Verbesserungen nannten sie ihn Jupiter und hielten ihn nach seinem Tod für eine Gottheit oder Gott. Er hatte seinen Ursprung von den Söhnen des Heber oder Gerar, wie alte Geschichten der Nachwelt erzählen.

Auch von Prometheus, dem Sohn des Atlas, wird überliefert, dass er unter der Regierung dieses Engels Menschen gemacht habe, jedoch, weil sie rüde und dumm waren, machte er sie weise und wissend, human, höflich, vollendet im Lernen und in den Sitten; er brachte durch seine Kunst Bilder zum Laufen. Als erster fand er den Nutzen von Ring, Zepter, Diadem und all der königlichen Ornamente.

Etwa in diesen Zeiten taten sich auch andere heitere Menschen hervor: höchst weise Männer und Frauen, die durch eigenes Verständnis der Menschheit viele profitable Erfindungen machten und die nach ihrem Tod aufgrund ihrer Weisheit wie Götter geachtet wurden: so Phoroneus, der als erster unter den Griechen Gesetz und Rechtsprechung einführte, wie auch Sol, Minerva, Ceres, Serapis bei den Ägyptern, und viele andere.

XI

In der Folge an elfter Stelle übernahm Raphael, der Engel Merkurs, wiederum die Regierung der Welt am 1. Tag des Monats Juli im Jahr der Welt 3543 im 4. Monat; und er präsidierte 354 Jahre und 4 Monate bis zum Jahr der Erschaffung von Himmel und Erde 3897 im 8. Monat.

Wie aus den Geschichten der Alten offensichtlich hervorgeht, haben damals tatsächlich die Menschen sich ernsthafter dem Studium der Weisheit gewidmet, von denen die gelehrtesten und wichtigsten Leute wie Mercurius, Bacchus, Omogyrus, Isis, Inachus, Argus, Apollo, Cecrops und viele andere durch ihre bewundernswürdigen Erfindungen sowohl der damaligen Welt nutzten wie auch seither der Nachwelt.

In diesen Zeiten gab es auch viel Aberglauben, so kam etwa die Anbetung der Idole durch die Menschen auf. Hexerei, Beschwörungen und die Kunst der diabolischen Bilder, die jetzt in exzellenter Weise entwickelt waren, nahmen – wie auch immer - entweder durch Subtilität oder Verstand, den man möglicherweise ihren Erfindungen zugrunde legen könnte, oder durch die Schlauheit Merkurs in diesen Zeiten ausserordentlich zu.

Moses, der weiseste Führer der Hebräer, Experte in der Wissenschaft vieler Dinge und Künste, ein Anbeter des einen und einzigen wahren Gottes, erlöste des Volk Israels aus der Sklaverei der Ägypter und veranlasste ihre Freiheit.

Etwa in dieser Zeit regierte Janus als erster in Italien, nach ihm Saturnus, der sein Volk lehrte, die Grundstücke mit Dünger anzureichern, und er wurde als Gott eingeschätzt. Um diese Zeit erfand Cadmus die griechischen Buchstaben und Carmentis, die Tochter des Evander, die lateinischen.

Unter dem Regiment von Raphael, dem Engel Merkurs, lieferte der allmächtige Gott durch die Hände des Moses seinem Volk ein geschriebenes Gesetz, das ein greifbares Zeugnis unseres Retters Jesus Christus gab, seiner zukünftigen Geburt und Nativität, im Fleisch geboren zu werden.

Nun kam in der Welt eine wundersame Vielfalt der Religionen auf: Während dieser Zeiten prosperierten viele Sibyllen, Propheten, Erleuchtete, Wahrsager, Zeichenleser, Magier, Weise, so etwa die Sibyllen von Erythrea, von Delphi, von Phrygien und weitere.

XII

An zwölfter Stelle in der Reihe begann wiederum Samuel, Engel des Mars, am 2. Tag des Monats Oktober im Jahr der Welt 3897 im 8. Monat die Welt zu regieren; und seine Herrschaft dauerte von da an 354 Jahre und 4 Monate bis zum Jahr 4252.

Unter seiner Herrschaft war die grosse und höchst berühmte Zerstörung von Troja in Kleinasien; und ebenso eine bewundernswerte Veränderung der Monarchie und mancher Königreiche zusammen mit neuen Institutionen und dem Bau vieler Städte wie Paris, Mainz, Karthago, Neapel und vieler anderer. Viele neue Königreiche wurden neu errichtet oder hatten ihren ersten Anfang, wie jene der Lakedämonier, Korinther, Hebräer und einiger anderer. In diesen Zeiten gab es überall auf der Welt wirklich grosse Kriege, Schlachten zwischen Königen und Nationen, und verschiedentlich Änderungen in den Reichen.

Die Venezier jener Zeit berechneten die Herkunft sowohl ihres Volkes als auch ihrer Stadt von den Trojanern. Und man kann beobachten, dass viele andere Nationen, sowohl in Europa als auch in Asien, behaupten, ihren Ursprung von den Trojanern zu haben; ihnen ist – wie ich mit guten Gründen meine – soviel Kredit zu geben, als sie ihrerseits fähig wären, mich von der Wahrheit zu überzeugen, beruhend auf ausreichend Zeugnissen und Beweisen. Die Argumente, die sie betreffend ihrer Nobilität und dem Alter ihrer Abstammung herzeigen, sind jedoch dreist und strotzen offensichtlich vor Verlangen, sich selbst grösser zu machen, so als ob da vor der Zerstörung Trojas kein Volk in Europa war, oder als ob es keine Trampel unter den Trojanern gab.

Auch unter der Führung dieses Planeten wurde Saul zum ersten König der Juden gekrönt, nach ihm Daniel, dessen Sohn König Salomon in Jerusalem den Tempel des wahren Gottes baute, den berühmtesten der ganzen Welt.

Von da an zeigte sich Gottes Geist und erleuchtete seine Propheten mit einer mächtigeren Offenbarung seiner Gnade; sie sagten nicht nur die zukünftige Inkarnation unseres Herrn und Retters voraus, sondern auch viele andere Sachen, wie die Heilige Schrift davon zeugt, unter ihnen der Prophet Nathan unter König David, sodann Gad, Asaph, Achias, Semeias, Asarias, Anan und viele andere.

Von Homer, dem griechischen Poeten und Beschreiber von Trojas Zerstörung, und von Dares Phrygius und Dictys Cretensis, die selbst am Überfall und an den Plünderungen dort beteiligt waren und auch darüber geschrieben haben, wird vermutet, dass sie um diese Zeit gelebt haben.

XIII

An dreizehnter Stelle in der Reihe trat Gabriel, der Geist des Mondes, erneut die Herrschaft über die Welt an, nämlich am 30. Tag des Januar im Jahr 4252 seit dem Beginn des Universums; und er präsidierte sein Imperium 354 Jahre und 4 Monate bis zum Jahr der Welt 4606 im 4. Monat.

In jener Zeit gab es unter den Hebräern viele berühmte und hervorragende Propheten, so etwa Helias, Helisäus, Micheas, Abdias und viele andere; das Königreich der Hebräer erfuhr viele Wechsel.

Lykurg gab den Lakedämoniern Gesetz und Ordnung. Die Könige von Italien Capetus Sylvius, Lyberius Sylvius, Romulus Sylvius, Procas Sylvius und Numitor prosperierten. Ebenfalls während der Moderation durch diesen Geist hatten weitere Königreiche ihre Gründung, so jene der Lydier, Meder, Makedonier, Spartaner und andere. Die Monarchie der Assyrer unter Sardanapalus hatte ihr Ende, und in gleicher Weise wurde das Königreich der Makedonier ausgelöscht.

Harte Gesetze wurden den Menschen auferlegt; die Anbetung des wahren Gottes wird vernachlässigt und die Religion der falschen Götter allzu sehr verbreitet.

Unter der Herrschaft dieses Geistes wird die Stadt Rom erbaut im Jahr 1484, welches das Jahr 239 des Engels Gabriel war; das Königreich der Sylvaner in Italien endet nun, und jenes von Rom begann in dieser Zeit.

Thales, Solon, Chilon, Periander, Cleobolus, Bias und Pictacus, die sieben Weisen von Griechenland, hatten ihre beste Zeit, und von da an waren Philosophen und Poeten gefragt.

In Rom regierte Romulus, der erste Gründer der Stadt, 37 Jahre; er war ein Brudermörder und Unruhestifter. Nach ihm setzte Numa Pompilius jenes Königreich für 42 Jahre in Frieden fort; er verstärkte die Anbetung der Götter und lebte in der Zeit von Ezechia, König von Judea.

Etwa am Ende der Herrschaft dieses Engels des Mondes nahm Nebukadnezar, König von Babylon, Jerusalem ein und zerstörte die Herrschaft des Königs Zedekia und führte alle Leute weg in die Gefangenschaft. Der Prophet Jeremia war damals berühmt, weil er diese Zerstörung voraussagte und ebenso die zukünftige Befreiung aus Babylon.

XIV

Nach Gabriel kam wiederum Michael, der Engel der Sonne, zur vierzehnten Herrschaft der Welt, nämlich am 1. Tag des Monats Mai im Jahr der Welt 4606 im 4. Monat, und er regierte die Welt nach seiner Ordnung 354 Jahre und 4 Monate bis zum Jahr der Erschaffung der Welt 4960 und 8 Monate.

Während der Herrschaft dieses Engels gab Evil Merodach, König von Babylon, dem Volk der Juden seine Freiheit und seinen König zurück, gemäss den Anweisungen des Engels Michael, der – wie Daniel schrieb – für die Nation der Juden steht, weil sie sich unter ihm zu Gott bekannt hatten.

In jener Zeit begann ebenfalls die Monarchie des Königreichs der Perser, dessen erster König Darius und der zweite Kyros jenes höchst mächtige Königreich von Babylon in den Tagen von Balthasar zu Fall brachten und völlig ruinierten (wie es Daniel und die Propheten voraussagten).

In dieser Zeit war Sibylla Cumana sehr im Gespräch und berühmt; sie brachte dem König Tarquinius Priscus neun Bücher, um sie ihm für einen bestimmten Preis zu verkaufen; darin waren enthalten die Bedeutung, Reihenfolge und Wirkung zukünftiger Wahrzeichen im ganzen Herrschaftsbereich der Römer. Doch als der König sich weigerte, ihr den verlangten Preis zu zahlen, verbrannte Sibylla die ersten drei Bücher vor den Augen des Königs und verlangte denselben Preis für die übrigen sechs Bücher; als er wiederum sich weigerte, ihr den Preis zu zahlen, verbrannte sie weitere drei der verbliebenen Bücher, und sie hätte dies auch mit den restlichen Büchern gemacht, wenn nicht der König infolge des Rates und der Überzeugungskraft der Umstehenden sie vor der Vernichtung gerettet hätte, indem er den Preis für die restlichen Bücher bezahlte, für den er ursprünglich alle gekriegt hätte.

Weiter haben die Römer in der Regierung die Könige abgeschafft und durch zwei Konsule ersetzt, die jedes Jahr einzusetzen sind. In dieser Zeit okkupierte der Tyrann Phalaris Sizilien.

Auch war in jener Zeit die Magie bei den Königen von Persien höchst angesehen. Der Philosoph Pythagoras und viele andere unter den Griechen hatten ihre Blütezeit.

Der Tempel und die Stadt Jerusalem wurden wieder aufgebaut. Der Prophet Esra reparierte die Bücher von Moses, die von den Chaldäern, auch Babylonier genannt, verbrannt wurden, und er empfahl sie der Überlieferung als Beispiel.

Xerxes, König der Perser, schickte seine Armee gegen die Griechen, hatte aber keinen Erfolg dabei.

Die Stadt Rom wird von den Galliern eingenommen, verbrannt und zerstört; nur das Kapitol wird durch eine Gans gerettet, indem sie die erschöpften Krieger aufscheuchte.

Die Athener hatten immense Kriege in jener Zeit; die Philosophen Sokrates und Plato lebten damals.

Die Römer verminderten die Macht ihrer Konsule, indem sie Tribune und Aedile einsetzten; auch waren sie damals in viele Kalamitäten involviert.

Nach dem Ende der Herrschaft von Michael regierte Alexander der Grosse in Makedonien und zerstörte die Monarchie der Perser unter Darius; er eroberte ganz Asien und verband es mit Teilen Europas zu seinem eigenen Imperium. Er lebte 33 Jahre und regierte deren 12 und fünf Monate, und nach seinem Tod folgten unendliche Kriege und mancherlei Dummheit, und seine Monarchie wurde in vier aufgeteilt.

Jetzt begannen die Juden als erste um das Priestertum zu kämpfen. Das Königreich Syrien nahm seinen Anfang.

XV

Nach Michael kam als Fünfzehnter in der Reihe Orifiel, Engel des Saturn, zum dritten Mal ans Steuer der Welt, und zwar am letzten Tag des Monats September im Jahr der Errichtung des Universums 4960 im 8. Monat; und er präsidierte 354 Jahre und 4 Monate bis zum Jahr der Welt 5315.

Unter seinem Regime begann der Punische Krieg zwischen den Römern und den Karthagern. Die Stadt Rom wurde fast ganz durch Feuer und Wasser zerstört. Das Bild aus Bronzeguss namens Colossus, 126 Fuss hoch, fiel infolge eines Erdbebens zusammen. Ungefähr zu dieser Zeit genoss die Stadt Rom ein Jahr Frieden nach dem Punischen Krieg; dieses Gemeinwesen war noch nie ohne Krieg in den 440 Jahren zuvor.

Jerusalem und sein Tempel wurden durch Antiochus und Epiphanes verbrannt und zerstört, die Geschichte der Makkabäer und ihrer Kriege fällt in diese Zeit. In dieser Zeit wurde Karthago 606 Jahre nach seiner ersten Gründung zerstört, und es brannte ununterbrochen in 17 Tagen nieder.

In Sizilien unternahmen 70'000 Sklaven eine Verschwörung gegen ihre Herren. In diesen Zeiten traten viele Vorzeichen in Europa auf: zahme Haustiere flüchteten in die Wälder, es regnete Blut, ein feuriger Ball erschien glitzernd und mit grossem Getöse knatternd am Himmel.

Mithridates, König von Pontus und Armenien, hielt 40 Jahre Krieg mit den Römern. Das Königreich der Juden ist wieder hergestellt, nachdem es für 575 Jahre seit der Zeit von Zedekia bis Aristobulos unterbrochen war.

Auch überfielen germanische Teutonen die Römer und wurden nach vielen Kämpfen besiegt; dabei wurden 160'000 von ihnen hingemetzelt, nebst den unzähligen, die sich selbst und ihre Angehörigen erschlugen; dies geschah unter den Konsuln Cajus und Manlius. Ungeachtet dessen wurden zuvor viele Römer von ihnen dahingerafft; und nach dieser Zeit erschütterten 40 Jahre lang Bürgerkriege das römische Reich.

Drei Sonnen erschienen und wurden in Rom gesehen, doch schon bald vereinigten sie sich zu einer einzigen. Einige wenige Jahre später usurpierte Julius Cajus Cäsar die Herrschaft über die Römer, die nach ihm Octavianus Augustus verstärkte, indem er Asien, Afrika und Europa in eine einzige Monarchie vereinigte, die er 36 Jahre lang regierte, wodurch Gott Frieden für die ganze Welt erwirkte.

Im Jahr 751 seit dem Bau der Stadt, im Jahr 42 von Octavianus Cäsar Augustus und im Jahr 245 des Regiments des genannten Orifiel, Geist des Saturn, im 8. Monat am 25. Dezember, wurde Jesus Christus, der Sohn Gottes, geboren in Bethlehem in Judäa von der Jungfrau Maria.

Bemerke, wie klar und wundervoll die Regelung der göttlichen Vorsehung ist: da die Welt zuerst unter der Herrschaft des Saturn und seines Engels Orifiel erschaffen wurde und gnadenvoll erlöst, restauriert und neu gemacht wurde unter ihrer dritten Regierung, so dass die grosse Zahl übereinstimmender Aktionen geeignet sind, dieser Art von Beschreibung nicht geringen Glauben zu schenken, oder um es auf den Punkt zu bringen: dass diese Welt von sieben Planetenengeln regiert wird, weil nämlich in der ersten Regierung des Orifiel nur eine Monarchie in der ganzen Welt war, und unter seiner zweiten (wie wir oben erwähnten) sie unter viele verteilt war. Wiederum während seiner dritten

Herrschaft (wie es sich zeigt) wurde die Monarchie auf eine reduziert, obwohl, wenn wir die Zeit richtig bemessen, dann wird es auch klar, dass in der zweiten Herrschaft von Orifiel auch nur eine Monarchie war, als der Turm zu Babel gebaut wurde.

Von dieser Zeit an vorwärts wurde das Königreich der Juden ziemlich fortgenommen und die Darbringung von Fleischopfern eingestellt, auch wird den Juden keine Freiheit zurückgegeben bis zum dritten Umlauf des Engels Michael, und dies wird nach der Geburt von Christus sein im Jahr 1880 im 8. Monat, d.h. im Jahr der Welt 7170 im 8. Monat. Viele Juden jener Zeit ebenso wie die Heiden werden die christliche Religion annehmen, höchst einfache und ungelehrte Männer, die keine menschliche Institution, sondern ein göttlicher Geist inspirierte, werden die Botschaft Gottes predigen. Die Welt wird dann zu ihrer ersten Unschuld der Einfachheit gebracht werden und Orifiel, der Geist Saturns, wird die Welt überall regieren.

Himmlische Dinge werden mit irdischen vermischt, viele Christen werden für den Glauben, den sie predigen, von den Herren der Welt abgeschlachtet. Um das Ende der Moderation des Orifiel wird Jerusalem von den Römern zerstört, und die Juden werden über alle Nationen verstreut, dabei wurden dort elfhunderttausend von ihnen massakriert und 80'000 als Sklaven verkauft, der Rest floh; und so zerstörten die Römer gänzlich Judäa.

XVI

Nach Orifiel trat Anael, Engel der Venus, an sechzehnter Stelle zum dritten Mal das Regiment über die ganze Welt an, nämlich am letzten Tag des Januar im Jahr der Schöpfung von Himmel und Erde 5315, das ist im Jahr 109 nach der wahren Geburt Christi; und er regierte die Welt 354 Jahre und 4

Monate bis zum Jahr der Welt 5669 im 4. Monat, somit bis zum Jahr 463 der Fleischwerdung des wahren Herrn.

Und es ist bemerkenswert, dass während beinahe der ganzen Herrschaft dieses Anael, des Engels der Venus, die Kirche der Christen in ihrer Verfolgung florierte und obsiegte; viele tausend Menschen wurden für ihren Glauben an Christus geschlachtet. Weiterhin nahmen in diesen Zeiten sehr viele Häresien in der Kirche ihren Anfang, die nicht ausgerottet wurden bis nach einer gewissen Zeit durch die Arbeit und das Blut guter Männer.

Viele Männer jener Zeit waren bedeutend in jeder Wissenschaft, und demzufolge gab es gelehrte und eloquente Theologen, Astronomen, Ärzte, Redner, Historiker und Männer von ähnlicher Qualität nicht nur unter den Heiden, sondern auch bei den Christen.

Langfristig nahm die Verfolgung durch die Ungläubigen ab, nachdem Cäsar Konstantin der Grosse den christlichen Glauben angenommen hatte im Jahr der Welt 5539, nach der Mitte der Herrschaft des genannten Anael, dem Engel der Venus. Obwohl jene, die die Religion und den Glauben von Jesus Christus in der einen oder andern Art ausübten, ab und zu von den Gottlosen gestört und belästigt wurden, blieb dennoch der Frieden in der Kirche lange Zeit frei von Belästigung.

Von dieser Zeit an wurde die Menschheit, die seit den Zeiten von König Ninus fast 2300 Jahre lang höchst jämmerlich den Irrweg der Götzenanbetung gegangen war, gnädig zurückgeholt zum Wissen um den einen Gott. Verschiedene Künste von Subtilität wurden damals verbessert und hatten Vermehrung und Ansehen gemäss ihrer Übereinstimmung mit der Natur der Venus. So änderten sich die Manieren der Menschen über die Zeit, und die untergeordneten Leute stehen den Oberen gemäss ihrem Einfluss zur Verfügung. Der Geist des Menschen ist wirklich frei und untersteht nicht dem Einfluss der Sterne, ausser wenn man allzu sehr die Neigung hat, sich im Verkehr mit dem Körper zu beflecken. Weil die Engel als die Beweger des Orbits nun nichts mehr zerstören oder unterdrücken, was die Natur selbst geschaffen oder geformt hat.

Ein Komet von ungewohnter und unüblicher Grösse ging dem Tod Konstantins voraus. Die arianische Häresie brachte in vielen Ländern Unruhe in die heilige Kirche.

Gegen das Ende der Herrschaft dieses Engels, in der Zeit von Julianus Cäsar, erschienen Kreuze als Linien auf den Kleidern der Menschen. In Asien und Palästina folgten Kriege, Pestilenz und Hunger an jenen Orten, wo die Kreuze erschienen.

In jener Zeit etwa um das Jahr unseres Herrn 360 hatten die Franken ihren Ursprung in Germanien; später verwüsteten sie Gallien und gaben ihm den Namen Frankenland, da sie als erste dort die Leute überwinden und erobern konnten. Die Beschreibung Frankens in seiner Grösse ist lang und breit; seine Hauptstadt war einst Mainz und jetzt eigentlich nur noch Würzburg. Die Bayern, Schwaben, Rheinländer, Sachsen und Thüringer besetzen heutzutage ein grosses Stück von Franken in Germanien, an einigen Orten unter der Jurisdiktion des Papsttums.

Darüber hinaus begann in den 280 Jahren der Herrschaft des Engels Anael das römische Imperium niederzusinken, und während die Stadt von den Goten eingenommen und verbrannt wurde, wurde der Herrschersitz unter Konstantin erstmals nach Griechenland transferiert, was eine sehr schädliche Massnahme war und die eigentliche Ursache für den Niedergang dieser Monarchie.

Schon bald am Ende der Herrschaft des Engels Anael kamen die Könige der Goten Radagaisus, Alarich und Athaulf auf;

ebenso danach Genserich von den Vandalen und Attila von den Hunnen, die sich über ganz Europa ausbreiteten und das Imperium höchst erbärmlich in Stücke rissen, wie es klar aus diesen Geschichten hervorgeht.

XVII

Nach Anael trat Zachariel, der Geist Jupiters, an siebzehnter Stelle zum dritten Mal wiederum die universelle Herrschaft an, nämlich am 1. Tag des Juni im Jahr der Welt 5669 im 4. Monat, d.h. im Jahr der Geburt des wahren Herrn 463 im 7. Monat; und er präsidierte 354 Jahre und 4 Monate bis zum Jahr der Welt 6023 und 8 Monate, das ist im Jahr des Herrn 817.

Viele Menschen jener Zeit beschlossen aus Zuneigung zur christlichen Philosophie in der Wildnis zu leben. Viele Wunderzeichen erschienen: Kometen, Erdbeben, es regnete Blut. Merlin, in Tumba geboren, prophezeite wunderbare Sachen zu Beginn der Herrschaft dieses Engels.

Arcturus, der gewöhnlich Artus genannt wird, der glorreichste König von Grossbritannien, der die Barbaren überwand und der Kirche den Frieden zurückgab, ging erobernd hinaus in viele Schlachten: er propagierte den Glauben an Christus und unterwarf seiner Herrschaft ganz Gallien, Norwegen, Dakien und viele andere Provinzen. Er war der glorreichste aller Könige, die zu seiner Zeit lebten; nachdem er viele berühmte Unternehmungen ausführte, kam er nie mehr zurück und wurde für viele Jahre von den Briten zurückerwartet; über ihn entstanden im Lauf der Zeit viele verherrlichende Lieder, die von den Barden dieses Volkes von wundervoller Poesie veröffentlicht wurden. Während seiner Regierungszeit war England, dem 13 Königreiche unterworfen waren, in einem höchst florierenden Zustand.

Um diese Zeit begannen die verschiedenen Orden der Mönche sich in der Kirche Gottes zu vermehren. Theoderich, König der Goten und Arianer, besass ganz Italien, der erschlagene Bötius war ihr Konsul. Jede Art von Staatswesen war voller Unruhe sowohl in staatlichen wie auch in kirchlichen Angelegenheiten; Kirche und Gemeinwesen waren jetzt in grosser Not.

Zenon und Anastasius, arianische Herrscher im Osten, Theoderich und seine Nachfolger in Italien und Honorius, König der Vandalen in Afrika, übten keine geringe Tyrannei aus. Chlodwig, König von Frankreich, der schliesslich in Gallien zum Christentum bekehrt wurde, überwand die Goten und erwirkte Frieden an vielen Orten, wenn auch nicht in jedem Land und Königreich.

Es war in der Zeit von St. Benedikt, etwa im Jahr Christi 500, am Beginn der Regierung dieses Engels Zachariel, dem Geist Jupiters, dessen geistige Eigenschaften darin bestehen, Imperien und Königreiche zu ändern, was nun in diesem Umlauf geschah, wovon die Geschichte vielfältig spricht; und was er selbst nicht ausführen konnte, das übertrug er seinem Nachfolger Raphael, dem Engel Merkurs, um es in Karl dem Franken zu vollenden. Viele Königreiche kamen in diesen 350 Jahren an ihr Ende, so etwa die Goten, Vandalen, Burgunder, Lombarden, Thüringer, Alemannen, Bayern und viele andere.

Der Herrscher Justinianus verschönerte verdienterweise um diese Zeit erstmals das Gemeinwesen mit seinen Gesetzen. Viele galante und höchst bewundernswürdige Leute prosperierten unter Zachariel. Justinianus baute den Tempel der St. Sophia in Konstantinopel, bestehend aus 400 Türmen.

Das Reich wird geteilt und zweiteilig gemacht und leidet mehr und mehr unter Schäden. Viele Zeichen erschienen damals im Himmel, wie man es leicht aus der Geschichte zusammentragen kann.

Chosroes, König der Perser, nahm Jerusalem ein und wurde später vom Herrscher Heraklius geschlagen. Der Araber Mohammed führte etwa ums Jahr 600 die Sekte der Sarazenen ein, von der das römische Reich in Asien bis heute fast ganz ausgelöscht wurde.

Dagobert, König von Frankreich, schlug die Engländer, die um diese Zeit Sachsen genannt wurden, in einer Schlacht.

Es ist bemerkenswert, dass um diese Zeit das Christentum in Asien und Afrika nach und nach verschwand aufgrund des dortigen Auftretens der Sekte der Sarazenen, die nunmehr schon fast die ganze Welt vergiftet haben.

Etwa im Jahr unseres Herrn 774 erschienen Kreuze in den Kleidern der Leute, und nicht lange danach wurde das römische Reich geteilt und die Monarchie an Karl übertragen, einem Angehörigen der fränkischen Nation in Germanien, der das Reich und die Kirche vor dem Ruin bewahrte und viele berühmte Schlachten schlug. Nach seinem Sieg kam erstmals der Name der Westgallier in Sachsen auf.

XVIII

An achtzehnter Stelle nach Zachariel, dem Engel Jupiters, übernahm Raphael, der Geist Merkurs, zum dritten Mal die Herrschaft der Welt, nämlich am 2. Tag des Monats November im Jahr der Schöpfung des Universums 6023 im 8. Monat, das ist im Jahr 817 der Geburt des wahren Herrn; und er präsidierte die Welt 354 Jahre und 4 Monate bis zum Jahr der Welt 6378 bzw. des wahren Herrn 1171.

Zu Beginn dieses Umlaufs wurde das Imperium der römischen Monarchie (wie schon oben erwähnt) an Karl den Grossen übertragen. Nachdem Karls Sohn Ludwig 25 Jahre regierte, stritten nach seinem Tod dessen Söhne untereinander und schwächten wiederum die Kraft des Reiches.

Die Normannen verwüsteten Gallien. Rom wird zweimal durch die Sarazenen gegeisselt.

Unter Ludwig II regnete es in Italien im Zeitraum von drei ganzen Tagen Blut vom Himmel. In Sachsen wurde ein bestimmtes Dorf mit all seinen Gebäuden und Einwohnern in einem Augenblick vom sich öffnenden Erdboden verschluckt.

Etwa im Jahr des Herrn 910 gab es viel Bewegung in Italien, und Italien fiel vom Reich der Franken ab und setzte selbst eigene Könige seiner Wahl ein, von denen der erste Berengarius war, Herzog von Forolivium, und nach ihm folgten sieben in der Reihe in etwa 50 Jahren bis zur Überführung des Reichs an die Germanen; ihr erster Herrscher war Otto, und ab dieser Zeit wurde begonnen, das Reich zu reformieren; danach folgten Ottos Sohn Otto und dessen Neffe Otto im Reich, und unter dessen Herrschaft wurden die Ungarn zum christlichen Glauben bekehrt. Aber da der dritte Otto ohne Kinder starb, wurden nach seinem Tod im Jahr des Christentums 1002 Elektoren für das Reich eingesetzt, wie es sie auch heute noch gibt.

Jerusalem wird von den Sarazenen eingenommen. Viele merkwürdige Dinge werden gesehen in der Luft, in den Himmeln, auf dem Land, auf dem Meer und im Wasser.

Da nun Otto III tot war, folgte ihm Heinrich I durch die Wahl der Prinzen und regierte 20 Jahre; er gründete die Kirche von Bamberg und starb jungfräulich; zusammen mit seiner Frau Kunigunda erschien er glorreich in Wundern; nach ihm wurde Konrad, der erste Herzog der Franken gewählt und regierte 20 Jahre.

Gottfried, der Graf von Bouillon, rettete das heilige Land und die Stadt Jerusalem aus den Händen der Ungläubigen. Vor dem Ende dieses Umlaufs wurden viele Zeichen und Vorzeichen gesehen, und kurze Zeit später überschritt das Volk der Tartaren die Grenzen ihres eigenen Landes und fügte dem Reich von Rom viel Schaden zu. Es gab Hunger, Pest und Erdbeben im Reich; im Osten wurden drei Sonnen gesehen und ebenso viele Monde.

Im Jahr unseres Herrn 1153 begann Friedrich, zuerst Barbarossa genannt, zu regieren, und er regierte 33 Jahre; der Beginn seiner Regierung war im 336. Jahr von Raphael. Er unternahm viele noble und kühne Taten und vergrösserte die Stärke jenes Reiches und führte harte Kriege mit grossem Erfolg; in seinem 9. Jahr wurden die Egianer und die Lituotrier zum christlichen Glauben bekehrt.

XIX

Samuel, der Engel des Mars, begann als Neunzehnter in der Reihe zum dritten Mal die Herrschaft über die universelle Welt; und zwar am 3. Tag des März im Jahr der Welt 6378; und er regierte 354 Jahre und 4 Monate bis zum Jahr der Welt 6732 im 4. Monat, das ist das Jahr des Herrn 1525.

Unter seiner Vorherrschaft gab es viele Kriege überall auf der Welt, durch die unendlich viele tausend Leute umkamen; und mächtige Königreiche verloren ihre alten Grenzen.

Zwischen dem Herrscher Friedrich I und der römischen Nobilität gab es viele Kontroversen, harte und gewaltige Schlachten wurden geschlagen, und viele tausend Römer kamen um. Der genannte Friedrich unterjochte ganz und gar Mailand. Lüttich wurde zerstört.

Jerusalem wird wiederum von den Sarazenen eingenommen. Das Reich der Tartaren, das grösste der Welt in jener Zeit, nahm seinen Anfang und verursachte eine sehr grosse Plage in der Welt, und sie lassen auch noch nicht davon ab.

Nach Friedrich wurde sein Sohn Heinrich zum Herrscher gewählt; nach dessen Tod verwirren Schismen das Reich, als unter Philip und Otto viele Kämpfe innerhalb Germaniens ausbrachen, so in Strassburg, Köln, Lüttich, Worms, Speyer und überall im Königreich.

Die Sekte der Bettler oder mendikanten Brüder begann in jener Zeit, etwa im 40. Jahr von Samuel; seither ist es sehr offensichtlich, dass alle Dinge durch Vorsehung geschehen.

Die Sarazenen fochten viele Schlachten gegen die Christen in Asien und Afrika. Konstantinopel wird durch die Germanen erobert: Baldwin, Herzog von Flandern, wird als Herrscher eingesetzt.

20'000 junge Männer aus Alemannien ertranken auf hoher See durch Piraten; verleitet von einem vergeblichen Geist begaben sie sich hinaus, um das heilige Land zu retten.

Aus Spanien vereinigten sich viele Pastoren, um nach Paris zu gehen und den Klerus seines Lebensunterhalts zu berauben; die gewöhnlichen Leute gratulierten ihnen. Doch als sie ihre Hände nach den Gütern der Laien ausstreckten, da wurden sie niedergemacht.

Im Jahr Christi 1212 wird Friedrich II gewählt; er regierte 33 Jahre und erwirkte viele Massnahmen gegen die Kirche.

Im Jahr 1238 machten eine Finsternis und ein andauerndes Erdbeben viele tausend Leute zunichte. Ebenso wurde Friesien durch eine fortwährende Umwälzung der See fast ganz überflutet, wobei mehr als 100'000 Leute umkamen. Die

Tartaren verwüsten Ungarn und Polen; Gross-Armenien wird zuerst unterworfen und viele Regionen rundum.

Im Jahr Christi 1244 grub ein gewisser Jude in der Erde bei Toledo in Spanien und fand ein Buch, worin geschrieben stand, dass in der dritten Welt Christus von der Jungfrau Maria geboren werde und leiden werde für die Errettung des Menschen. Sogleich wurde er gläubig und liess sich taufen. Die dritte Welt, von der hier die Rede ist, ist der dritte Umlauf des Engels des Saturn, zu dessen Beginn Christus von einer Jungfrau geboren wurde.

Die Päpste von Rom entthronten Friedrich, und es wird gesagt, dass das Reich 28 Jahre ohne Herrschaft war bis zur Wahl von Rudolf, Graf von Habsburg, wobei während dieser Vakanz abwechselnd Könige eingesetzt wurden: zuerst Heinrich, Graf von Schwarzenburg in Thüringen durch Wahl der Prinzen; dann William, Graf von Holland, Konrad, der Sohn von Friedrich, Alfons, König von Kastilien, Richard, Graf von Cornwall, Bruder des Königs von England; und das Böse auf der Erde nahm zu.

Etwa um diese Zeit im Jahr des Herrn 1260 begann die Konföderation der Schweizer, ein kleines Volk an der Zahl, das sich im Lauf der Zeit vermehrte und manche aus ihrer Nobilität abschlachtete, und als kriegsliebendes Volk viele andere ihrer Noblen mit Bann und Schrecken aus ihren Häusern jagten; dieses Volk ist nunmehr allen Leuten in Germanien ein Begriff.

Im Jahr der Christen 1273 wurde Rudolf von Habsburg durch die Wahl der Prinzen als Herrscher konstituiert; er regierte 18 Jahre; von ihm stammten die besten Männer ab, klug in allen Angelegenheiten, alle Herzöge von Österreich.

Die Tartaren drangen in die Länder der Christen ein, nach Konstantinopel und Griechenland, und fügten den Christen grossen Schaden zu. Die Sarazenen okkupieren viele Städte in Asien und töten mehr als 400 Christen.

Nachdem Rudolf tot war, wurde Adolf von Nassau zum König gewählt; er regierte 6 Jahre und wurde dann von Albert, dem Sohn von Rudolf, in einem Kampf nahe Worms überwunden; dieser wurde zum Herrscher gewählt anno 1298 und regierte 10 Jahre und wurde vom Sohn seines Bruders ermordet.

Der Orden der Tempelritter wurde auf Befehl von Papst Clemens V zerstört. Die Insel Rhodos wird von den Christen aus der Hand der Sarazenen befreit, nachdem dort Krieg und Belagerung vier Jahre andauerten.

Nachdem Albert von seinem Neffen ermordet wurde, wird Heinrich, Graf von Luxemburg, als 8. Herrscher eingesetzt; er regierte 5 Jahre; nach seinem Tod regierte Ludwig IV von Bayern 32 Jahre, beginnend im Jahr 1315; ihm gaben die Päpste von Rom eine Krone. Friedrich, Herzog von Österreich, opponierte gegen Ludwig, wurde jedoch von ihm überwunden. Nach Ludwig wurde Karl IV, König von Böhmen, als Herrscher konstituiert; er wandelte das Bistum Prag in ein Erzbistum um; er regierte 31 Jahre.

Es gab allerstärkste Erdbeben.

Jener Karl führte von neuem die Zölle zugunsten der Prinzen-Elektoren ein. Gunther, Graf von Schwarzenburg, ernannte sich selbst zum König und opponierte dem Herrscher Karl, doch konnte er sich nicht gegen ihn durchsetzen. Nach Karl regierte sein Sohn Wenzel 22 Jahre; nach ihm folgte Jodokus, Markgraf von Mähren, und danach Sigismund, der Bruder von Wenzel.

Leopold, Herzog von Österreich, acht Grafen und mehr als 4'000 Soldaten kämpften gegen die Schweizer und wurden alle hingemetzelt.

Während der Regierung von Wenzel, des Königs von Böhmen und Herrscher, nahmen die Lehren von Johann Hus ihren Anfang. Nach der Absetzung Wenzels wurde Rupert gewählt, Pfalzgraf vom Rhein und Herzog von Bayern; er regierte 10 Jahre.

Im Jahr des Herrn 1369 engagierten sich die Christen in einem Krieg gegen die Sarazenen, welche schlechterweise obsiegten wegen der Arroganz der Gallier; deshalb starben in diesem Krieg mehr als 100'000 unserer Männer; zudem wurden Gefangene gemacht, unter ihnen auch Johann, der Herzog von Burgund; viele Kriege gab es in jener Zeit.

Anno 1407 wurde Sigismund zum Herrscher gemacht, und er regierte 27 Jahre. Er war bestrebt, das Königreich Böhmen zu verheeren und dabei die Häresie auszurotten; aber es nützte ihm nicht viel.

Das Königreich Frankreich ist durch die Engländer und Burgunder schmerzlichst verheert und vernichtet.

Nachdem Sigismund von der Welt ging, folgte ihm sein Schwiegersohn Albert, Herzog von Österreich, im Jahr der Christen 1438; und er regierte nur 2 Jahre, ein bewundernswerter Mann und des Reiches wert. Nach seinem Hinscheiden wurde Friedrich III, Herzog von Österreich, der Sohn von Ernestus, durch die Wahl der Prinzen zum Herrscher gewählt; und er regierte 56 Jahre, ein Mann von göttlichem Geist und friedfertiger Seele; er begann im Jahr des Herrn 1440 zu regieren.

Im Jahr der Christen 1453 wurde Konstantinopel von einem gewissen Genuesen der Eroberung durch die Türken ausgeliefert, und bald danach fielen alle Griechen allmählich von ihrem christlichen Glauben ab. Schon bald danach wurden viele Königreiche und Provinzen der Christen von den

Türken verwüstet und erobert. In dieser Zeit hatten die Christen untereinander die schmerzlichsten Kriege in Frankreich, England, Sachsen, Westfalen, Preussen, Flandern, Schweden und andern Orten.

In dieser Zeit wurde in Mainz, der Metropole Alemanniens, die Kunst des Druckens auf eine neue Art erfunden; es ist eine wundervolle Industrie, ein Geschenk Gottes.

Im Jahr der Christen 1456 wurden die Türken in Ungarn durch die Gläubigen besiegt, wobei viele krepierten.

Die Pilgerfahrt junger Männer zum heiligen Michael war wundervoll. Es gab Erdbeben im Königreich Neapel, wobei mehr als 4'000 Menschen umkamen.

Im Jahr des Herrn 1462 wird Mainz, die Metropole der Franken in Germanien, erobert und verwüstet. Herzog Karl von Burgund überwand die Franken anno 1465 und zerstörte 1467 die Städte Dinant und Lüttich; anno 1473 kam er nach Gelderland und riss es machtvoll an sich und ebenso das ganze Herzogtum von Lothringen.

Während des ganzen Monats Januar im Jahr des Herrn 1472 erschien ein Komet. Kurz danach belagerte Herzog Karl von Burgund während eines ganzen Jahres anno 74 die Stadt Neuss, später wurde er in einem Krieg 1477 erschlagen, diese grosse Seele von einem Prinz.

Etwa um diese Zeit raubten die Türken von den Christen viele ihrer Städte: Negroponte in Euböa, das Königreich Bosnien, das Herzogtum Speta, Achaia, Mytsenien und dazu noch mehr Königreiche im Osten.

Anno 1476 gab es in Franken in Germanien nahe Niklaushausen eine Versammlung von Dummköpfen voller Irrtümer.

Anno 1480 belagerten die Türken die Rhodesier mit einer mächtigen Armee, konnten aber nicht siegen; im gleichen Jahr Rhodos verlassend, nahmen sie Otranto ein; mehr als 12'000 Christen wurden dabei erschlagen, nur 22 Soldaten konnten fliehen. Im nächsten Jahr starb der türkische Herrscher Mohammed, dem sein Erstgeborener Bajazet folgte, der bis heute 27 Jahre regiert hat.

Im Jahr der Christen 1486 wurde Maximilian, der Sohn Friedrichs, in Frankfurt als König der Römer eingesetzt und 1508 von Papst Julius als Cäsar salutiert, der den Kriegsorden des Heiligen Georg gegen die Häretiker und Türken einführte. Er unterwarf die Schweizer im Krieg und führt bis heute Krieg gegen die rebellischen Sicambrer; er wird glückhaft sein gegen alle Vertragsbrüchigen. Dem König von Frankreich als Verfolger des Reichs konnten (einmal mehr) üble Machenschaften nachgewiesen werden. Der Allmächtige schützt jene, die der Herrschaft von Samuel zugeordnet sind. Anno 1508 wurden die venetischen Rebellen gegen das Reich Cäsars mit Krieg und Verbannung bedroht. Bestrafung der Sturheit wird die Belohnung für eine angekündigte Genugtuung sein.

Etwa am Ende dieses dritten Umlaufs von Samuel wird das Bild des Wechsels zum ersten übergehen, und es wird ein Verderben für viele Menschen sein; ausser Y wird wiederum reduziert mit Gottes Hilfe.

Zur Kälte hin wird sich eine grosse Monarchie oder irgendein grosses Königreich verändern. Eine starke religiöse Sekte wird emporkommen und die alte Religion überwinden. Es ist aber kaum zu befürchten, dass die vierte Bestie irgendeinen Kopf verlieren wird.

Beim ersten Mal prophezeite Mars in Samuel die Flut, beim zweiten Mal die Zerstörung von Troja; in seiner dritten gegen das Ende wird man einen grossen Wunsch nach Einheit finden. Aus vorangegangenen Vorfällen kann beurteilt werden, was noch kommen wird oder sollte. Dieser dritte Umlauf des Mars wird nicht vollendet sein ohne Prophezeiung und der Einsetzung einer neuen Religion.

Ausgehend von diesem Jahr der Christen 1508 bis zum Ende der Herrschaft von Samuel verbleiben 17 Jahre, in denen Zeichen und Figuren erscheinen werden, die den Beginn des Bösen anzeigen. Im Jahr der Christen 1525 nämlich werden die Kreuze, die man schon seit zehn Jahren in den Kleidern der Leute sieht, ihre Wirkung zeigen.

Aber in 13 Jahren wird dieser Ort von Unwissenden besetzt sein, und die meisten werden mich nach dem Schicksal zum dritten Mal meiden; ausser es sei möglich, die Nebel zu verhüllen.

XX

Als Zwanzigster in der Reihe erhält Gabriel, Engel des Mondes, das Regiment über die Welt im Jahr der Welt 6732 im 4. Monat, am 4. Tag des Monats Juni im Jahr der Christen 1525; und er wird die Welt regieren 354 Jahre und 4 Monate bis zum Jahr der Welt 7086 im 8. Monat, d.h. bis zum Jahr der Geburt des wahren Herrn 1879 im 11. Monat.

Die zukünftige Serie dieses Umlaufs würde Prophetie verlangen.

Heiligster Cäsar, ich habe diese Dinge nicht anmassend geschrieben oder dass wir es unter allen Umständen glauben müssten unter Verletzung der orthodoxen Theologie.

Es gibt einige, die in diesen Dingen lunare Monate vermuten, was bedeuten würde – wenn Du auch dieser Meinung bist -, dass diese Sachen, von denen ich geschrieben habe, variiert werden müssten.

Ich beteuere mit meiner eigenen Hand und bekenne mit meinem eigenen Mund, dass ich von all dem, was ich hier vorbrachte, nichts glaube oder zugebe ausser dem, was die katholische Kirche vertritt; den Rest verwerfe und verdamme ich als vergeblich, schwach und abergläubisch.

Lob dem allmächtigen Gott.

Analyse der Chronologia mystica

Trithemius präsentiert uns ein geschichtliches Konzept, das stark auf wiederkehrenden Perioden und Abläufen aufbaut. Sieben Intelligenzen („Engel") wirken als Gesandte Gottes, um abwechselnd den Lauf der Welt zu regeln. Sie wirken mit oder in den klassischen sieben Planeten Sonne, Mond, Merkur, Venus, Mars, Jupiter und Saturn; und so werden sie auch als Engel oder Geister dieser Planeten bezeichnet. Jeder Engel hat seinen individuellen Charakter (der dem Charakter des zugeordneten Planeten entspricht), und demzufolge wirkt er während seiner „Amtszeit" gemäss seinen Neigungen auf den Lauf der Welt ein, was dann auch in der Geschichte der Menschheit seinen Niederschlag findet. Jede neue Amtszeit begründet somit eine neue Zeitrechnung, quasi eine neue planetarische Epoche. Eine Amtszeit beträgt immer genau 354 Jahre und 4 Monate, anschliessend tritt der gerade herrschende Engel ab und wird von seinem Nachfolger abgelöst. Die Amtsfolge ist immer dieselbe:

Planet	Engel	Wochentag
Saturn	Orifiel	Samstag
Venus	Anael	Freitag
Jupiter	Zachariel	Donnerstag
Merkur	Raphael	Mittwoch
Mars	Samuel	Dienstag
Mond	Gabriel	Montag
Sonne	Michael	Sonntag

Tabelle 1: Planetarisches Wochenschema.

Man sieht in diesem Schema, dass die Reihenfolge der Planeten der umgekehrten Reihenfolge der Wochentage entspricht. Da der Sonntag der letzte Tag in dieser Reihe ist, besteht eine gewisse Übereinstimmung mit der biblischen Schöpfungsgeschichte, die auch den Sonntag als letzten Tag der Schöpfungswoche bezeichnet. Jedoch wäre in Trithemius' Chronologie die Schöpfung quasi von hinten aufgerollt, was vielleicht auch erklären würde, weshalb die Juden den Samstag (Sabbat) als heiligen Tag feiern: er stünde in diesem Schema für den ersten Tag, den Tag der Schöpfung. Saturn als der erste Planetenengel wäre damit auch der Älteste im Amt, was zur mythologischen Überlieferung passt, die Saturn immer als den „Alten" darstellt. Auch käme gemäss diesem Wochenschema der deutsche „Mittwoch" in die Mitte der Woche zu liegen, ohne dass der Sonntag als der erste Tag der Woche herhalten muss.

Alle Namen dieser Engel enden auf „-el", womit der Bezug zum göttlichen Ursprung dieser Wesen hergestellt wird. *El* ist einer der hebräischen Namen Gottes im Alten Testament, aber nicht nur des einen Gottes der Juden, sondern auch heidnischer Götter. Es ist deshalb nicht verwunderlich, dass z.B. „Ela(th)" einen starken Baum bezeichnet, etwa eine Eiche, und damit einen Ort kultischer Handlungen in alteuropäischen religiösen Traditionen.

Wenn man sich Tabelle 1 nochmals anschaut, dann kommt unweigerlich die Frage auf, ob die Endung „-el" in der Spalte der Engelsnamen nicht für den „-tag" in der Spalte der Wochentage stehen könnte; die „Engel" wären dann eigentlich nur Tage, aber dann wohl „Tage bei Gott", von denen einer ja bekanntlich auch mal tausend Jahre dauern kann. Es ist auch naheliegend, in diesen sieben Wesenheiten die berühmten Erzengel zu sehen, von denen im westlichen Christentum des Mittelalters allerdings nur noch deren vier im Schwange waren, nämlich Uriel (= Orifiel), Raphael, Gabriel und Michael. Der griechische Begriff *archangelos* für diese Entitäten trifft die Sache aber wohl besser, denn er bedeutet eigentlich „Bogenwinkel" und wäre dann eher ein Begriff aus der Astronomie – und somit wieder passend zu den Planeten!

Wir wollen den Beginn all dieser Umwälzungen, als Orifiel erstmals als Weltherrscher in Erscheinung trat – quasi die „Epoche der sieben Sekundanten" – als Weltära des Trithemius bezeichnen und im folgenden deren chronologische

Eigenschaften anhand der gängigen geschichtlichen Epochen untersuchen.[7] Tabelle 2 bietet einen Überblick über einige Weltepochen, die noch im 17. Jahrhundert heftig diskutiert wurden und in Konkurrenz zueinander standen; sie sind in dieser Zusammenstellung auf das Jahr 1525 der christlichen Ära bezogen, weil Trithemius für dieses Jahr das Ende der 19. Periode terminiert und damit quasi einen Epochenwechsel postuliert. Zum Vergleich darin eingebettet ist das Weltalter laut Trithemius (TRI), und man sieht sogleich, dass Trithemius, der etwa 150 Jahre vor Abfassung dieser Kompilation wirkte, mit seiner Schätzung des Weltalters eher am oberen Ende liegt.

Wenn wir von den sonderbaren „Engeln" und ihrem Einwirken auf das Schicksal der Welt einmal absehen, dann scheint es zunächst so, dass Trithemius sich stark an die klassischen historischen Vorgaben hält. Von der Schöpfung und den ersten Menschen im Paradies angefangen, entwickelt sich seine Weltgeschichte im Rahmen dessen, was für die bibelfesten und mit den klassischen Texten vertrauten Historiker bis weit ins 18. Jahrhundert feste Grundlage des geschichtlichen Wissens war. Sogar der Verlauf seiner Geschichte folgt den Gesetzen der Historiografie: Vom Zeitalter nämlich, in dem er selbst lebte, weiss er so viel zu berichten wie von den drei Zeitaltern davor oder von den ersten zehn Zeitaltern insgesamt; d.h. auch zu seiner Zeit sprachen die jeweils neuesten Quellen lauter und geschwätziger!

---

[7] Siehe Anhang B.

Weltalter, Autoren	Jahr per 1525 CHR	Differenz zu TRI
Theophilactus	4999	1733
Jüdisch (lt. Calvisius)	5285	1447
Vecanto	5397	1335
Helvicus	5472	1260
Altstedius, Calvisius (u.a.)	5474	1258
Dionysius Exiguus, Gottfrid	5475	1257
Picus Mirandula	5487	1245
Hebräer, Pantaleon	5495	1237
Suarez	5525	1207
Bucelinus	5577	1155
Josephus	5688	1044
Bartelus	5717	1015
Origenes	6283	449
Alfonsus, Regiomontanus	6509	223
Epiphanius	6554	178
Orosius	6574	158
Werwe	6621	111
Hieronymus	6627	105
Augustinus	6720	12
Isidorus	6721	11
Römische Kirche	6723	9
Eusebius, Baronius, Stumpff	6724	8
Beda	6725	7
Nauclerus	6726	6
Trithemius (TRI)	6732	0
Svidas, Cuspinianus	7025	-293
Griechische Kirche	7033	-301

Tabelle 2: Einige der im 17. Jh. diskutierten Weltalter (Haffner 1666).

Nun waren allerdings diese Engel noch lange ein ernstes Thema, das selbst aufgeklärte Bibelforscher dieser Zeit sehr beschäftigte bzw. irritierte. Denn diese Engel sind ja keineswegs eine Erfindung des Trithemius, zumal die von ihm präsentierte chronologische Konzeption im wesentlichen auf Ideen des 14. Jahrhunderts zu fussen scheint. Das von Trithemius als Quelle dieser Ideen erwähnte Werk „Conciliator Medicorum" war damals eine Art Standardwerk, dessen Verfasser Petrus von Abano (1250-1316) wegen angeblicher magischer Praktiken und vielleicht auch wegen neuer astrologischer Ideen in den Verdacht der Häresie geriet.

Die Vorstellung, dass Gott seine Allmacht an untergeordnete Engel delegierte, die dann die eigentliche, quasi „operationelle" Ausführung des göttlichen Willens vollzogen, scheint sehr alt zu sein: Gott als „Aufsichtsrat" und seine Engel als willfährige „Manager", die das Unternehmen „Welt" am Laufen halten. Den aufmerksamen Lesern der Bibel musste auch schon lange klar geworden sein, dass diese Engel oder „Götter" schon vor der Erschaffung der „Welt" existierten, womit die in der Genesis geschilderte „Schöpfung" eigentlich nur die Erschaffung unserer Erde bedeuten konnte. Eine vielsagende Stelle findet sich etwa bei Hiob, wo Gott den armen Hiob zur Rede stellte: [8]

Wo warst du, als ich die Erde gegründet habe?
Rede, wenn du es weisst!
Wer hat ihre Masse bestimmt? Weisst du es?
Und wer hat die Messschnur über sie gespannt?
Wo sind ihre Pfeiler eingesenkt, und wer hat ihren Eckstein gelegt, als alle
Morgensterne jauchzten und alle Götter jubelten?

Mit anderen Worten: Schon vor der Erschaffung der Erde gab es Sterne und Götter, und nur schon der hier genannte Kontext würde diese Götter bzw. Engel in die Nähe von Planeten rücken. Anderseits hatten sie etwas archaisch-übermenschliches, geradezu vorsintflutliches, wenn wir uns die verräterische Textstelle in der Genesis vergegenwärtigen:[9] „Zu

---

[8] Hiob 38.
[9] Genesis 6.

jener Zeit – und auch später noch -, als die Gottessöhne mit den Töchtern der Menschen verkehrten und diese ihnen Kinder gebaren, waren die Riesen auf Erden. Das sind die Helden, die es vor Zeiten gab, die hochberühmten." Was mag „vor Zeiten" im Zeitalter der Genesis bedeutet haben? Solche Textstellen sind den aufmerksamen Lesern aller Zeiten nicht verborgen geblieben, so dass schon früh darüber spekuliert wurde, ob es vor der „Weltschöpfung" vielleicht schon eine (bewohnte) Welt gab. Wie wir wissen, hat sich diese Meinung letztlich auch durchgesetzt, wobei aber die in der Genesis beschriebenen Vorgänge im Furor der Aufklärung und des Rationalismus gänzlich aus der Naturgeschichte gestrichen bzw. um Jahrmillionen zurückversetzt wurden. Doch vor allem die Sintflutsagen blieben im Mythenschatz der Menschheit erhalten. Denn auch diese Frage hat die Aufklärer beschäftigt: Ob vielleicht Noahs Sintflut am Anfang der bekannten Menschheitsgeschichte stehe, da die durch diese Flut bewirkte fast totale Vernichtung der Erde durchaus mit dem Chaos der ersten Schöpfung verglichen werden kann.

Es fällt auf, mit welcher Kürze und Geringschätzung Trithemius die ersten Jahre der Menschheit im „Paradies" abhandelt: Abgesehen von der beschämenden Tatsache, dass sie im wesentlichen wie Tiere lebten, gibt es für ihn aus dieser grauen Vorzeit nichts zu berichten. Doch schon in der zweiten Periode setzt die Zivilisation ein und mit ihr nicht nur technische Fertigkeiten, sondern auch das Laster und die Gottlosigkeit! Trithemius erwähnt Adam, den ersten Menschen, nicht im Zusammenhang mit seiner Erschaffung, sondern erst in der dritten Periode mit der Tatsache seines Ablebens. Adam erscheint in diesem Kontext weniger als der „erste Mensch" erwähnenswert, sondern vielmehr als der erste Mensch der Weltgeschichte, der eines natürlichen Todes stirbt. Adam ist somit der erste „sterbliche Mensch" - dies im impliziten Gegensatz zu den offenbar unsterblichen Göttern, die schon vor Adam existierten.

Trithemius schreitet in der Geschichte rasch voran, ohne sich lange an Details aufzuhalten. Und wenn er doch einmal konkret Namen oder Jahreszahlen nennt, dann muten sie uns oft fremd und unvertraut an. Es braucht uns aber nicht zu irritieren, dass er zuweilen Ereignisse und Personen nicht richtig ein- und zuordnen kann oder etwas als geschichtlich betrachtet, das wir aus heutiger Sicht eher in den Dunstkreis der Mythologie verbannen würden; und auch die Tatsache, dass er bei der Datierung – sei es absolut oder relativ – nicht immer ganz treffsicher ist, soll uns nicht weiter aufhalten. Historische Werke aus der Zeit vor 1600 sind immer noch mit kolossalen Fehlern und Anachronismen behaftet, wenn wir sie an modernen Standards messen. So glaubt Trithemius zu wissen, dass Jerusalem und sein Tempel durch Antiochus und Epiphanes verbrannt und zerstört worden seien. Nun ist hier offensichtlich von zwei Personen die Rede („Antiochus & Epiphanes"), obschon die offizielle Geschichte nur den einen König Antiochus Epiphanes kennt, der 175 v.CHR die Herrschaft über Asia antrat. Etwas später berichtet Trithemius von der vernichtenden Niederlage der germanischen Teutonen gegen die Römer und dass dies unter den Konsuln Cajus und Manlius geschah („Caio & Manlio"). Es können damit eigentlich nur die Konsuln Cajus Atilius und Lucius Manlius gemeint sein, die allerdings schon im Jahr 250 v.CHR im Amt waren - was dann ein grober Anachronismus wäre, denn angeblich fanden die erwähnten Kriege gegen die Teutonen um das Jahr 100 v.CHR statt (Schlacht von Aquae Sextiae), wo sie auch Trithemius in etwa ansetzt. Trithemius war also mit der heute gültigen Konsularliste nicht vertraut, was nicht überraschen kann, da diese erst Mitte des 16. Jahrhunderts aus dem römischen Boden gegraben wurden (*Fasti Capitolini*).

In der Zeit vom spätrömischen Reich bis zum Mittelalter scheint Trithemius in einigen Fällen einem Fehler von etwa 100 Jahren aufzusitzen. So lässt er gegen das Ende der Herrschaft des Engels Anael in der 16. Periode, in der Zeit von „Julianus Cäsar", Kreuze auf den Kleidern der Menschen erscheinen. Hier ist wohl von Julianus Apostata (361-363) die

Rede, dem „abtrünnigen" Kaiser, der sich vom Christentum ab- und dem Mithraismus zuwandte. Das Ende der Herrschaft Anaels wäre allerdings erst 463 CHR, also genau 100 Jahre später. Trithemius beklagt sodann die Tatsache, dass das römische Imperium „in den 280 Jahren der Herrschaft des Engels Anael" niederzusinken begann, „und während die Stadt von den Goten eingenommen und verbrannt wurde, wurde der Herrschersitz unter Konstantin erstmals nach Griechenland transferiert". Die Phase der Dekadenz setzte also in den ersten 280 Jahren von Anaels Herrschaft ein, um dann im Jahr 389 CHR in das Endstadium der Auflösung zu treten. Die offizielle Geschichtsschreibung kann hierzu lediglich feststellen, dass nach Kaiser Theodosius' Tod (395) die schon unter Diocletian und Konstantin begonnene Reichsteilung definitiv wurde. Eigentliche Ursachen für diesen Vorgang sind nicht auszumachen. Die neue Stadt Konstantinopel war ab 330 bezugsbereit. Bei Trithemius liest sich dies ein wenig anders und irgendwie plausibler: Nach der Brandschatzung Roms durch die Goten (offiziell: 410 CHR) entschied sich Konstantin, die Hauptstadt des Reiches nach Griechenland zu verlegen. Trithemius scheint Ereignisse und Personen, die 100 Jahre auseinanderliegen müssten, im selben historischen Kontext zu sehen.

Trithemius erwähnt auch den berühmten „Zug der Pastorellen", von dem es zwei historische „Ausgaben" zu geben scheint: 1251 und 1320. Trithemius nennt in diesem Zusammenhang auch „Spanien" und meinte damit wohl Nordfrankreich im weitesten Sinne, also jene Gegenden, aus denen die Pastorellen ursprünglich aufgebrochen sind, nämlich Flandern und die Picardie, d.h. die „Spanischen Niederlande". Und man müsste den von Trithemius verwendeten Begriff „pastores" wohl auch eher mit „Pastoren" (im Sinne von Landpfarrer) als mit „Schäfer und Viehhirten"[10] übersetzen. Heute werden diese Pastorellen-Züge als kreuzzugsartige Bewegungen mit religiös-fanatischem Hintergrund dargestellt.

---

[10] So Lilly in der englischen Übersetzung.

In Trithemius' Darstellung überwiegt jedoch der wirtschaftliche Aspekt eines ordinären Verteilungskampfes: Protestzüge einer verarmten Landbevölkerung gegen die privilegierte städtische Oberschicht (insbesondere darbende Landgeistliche gegen satte akademische Kleriker). Man darf auch einen Zusammenhang mit den just in dieser Zeit aufkommenden Bettelorden vermuten. Aufgrund der relativen Einordnung kann man annehmen, dass Trithemius diese Ereignisse etwa in den Jahren 1220/1230 sieht; das wäre dann wieder etwa 100 Jahre früher als der „zweite" Pastorellen-Zug.

Dass Trithemius' Geschichtsbild einen etwas anderen Bezugsrahmen hat, als wir ihn gewohnt sind, lässt sich an weiteren Details feststellen. So lässt er „Heinrich I" als Nachfolger von Otto III auftreten, obwohl es doch „Heinrich II" heissen müsste, zu dem ja auch die biografischen Details passen würden. Man könnte dies mit einem Druckfehler erklären, doch das ist es vermutlich nicht. Kaiser Heinrich II war ein Urenkel Heinrichs I, der etwa 100 Jahre früher regierte – damals allerdings nicht als Kaiser, sondern "nur" als König. Insofern würde Trithemius' Schema der Numerierung der Herrschaftsfolge stimmen, da Heinrich II der erste Kaiser seines Namens war.

Trithemius war sich der Unschärfen der Chronologie durchaus bewusst. Bezüglich der Sintflut lässt er dies auch den Leser wissen und stellt zwei Varianten zur Diskussion. Die genannten Datierungen der universellen Flut – 1656 TRI (laut den „Hebräern") bzw. 2242 TRI (laut den Übersetzern der Septuaginta) - sind in verschiedener Hinsicht widersprüchlich: Sie weichen um 586 Jahre voneinander ab, und sie sind je einem anderen Planeten zugeordnet (Mars bzw. Mond). Dazu kommt, dass im Jahr 2242 der vorliegenden Rechnung nicht der Mond regieren würde, sondern die Sonne, womit eine zusätzliche Verschiebung vorliegt. Es sind allerdings mehrere „Sintfluten" überliefert, wobei offen bleibt, ob es sich um mehrere, voneinander unabhängige Ereignisse oder um unterschiedliche Datierungen desselben Ereignisses handelt. So ging auch die „deukalionische Flut" in die Geschichte ein, die von Calvisius[11] ins Jahr 2432 nach Erschaffung der Welt datiert wird.

Tabelle 3 zeigt die von Trithemius und Calvisius genannten Daten im Vergleich. Aufgrund der resultierenden Epochendifferenzen kann man davon ausgehen, dass immer vom selben Ereignis die Rede ist und die Unterschiede sich wohl allein infolge der unterschiedlichen Referenzepochen ergeben.

Hebräer	Septuaginta	Calvisius	Differenz	Epochen-Differenz
1656	2242		586	AUG – VIC2
1656		2432	776	OLY – CHR
	2242	2432	190	CAL – JUD

Tabelle 3: Verschiedene Sintflutdaten infolge unterschiedlicher Epochensetzung?

Die von Trithemius erwähnte Differenz zwischen den „Hebräern" und den Übersetzern der Septuaginta hat zudem einen tieferen ideologischen Hintergrund, der die Theologen noch bis weit ins 18. Jahrhundert hinein beschäftigte und auch emotional erregte. Trithemius deutet diesen Streit nur vorsichtig an und ebenso vorsichtig nennt er seine Präferenz. Im 18. Jahrhundert waren in dieser Sache die Töne lauter und hitziger, was auch als Hinweis gedeutet werden kann, dass die Vorentscheidung über den Ausgang des Streits schon gefallen war: die „Hebräer" haben sich durchgesetzt, obwohl ihnen von der fundamental-christlichen und zunehmend aggressiv argumentierenden Gegenseite schwerste Fälschung der Quellen vorgeworfen wurde. Es wäre wohl spannend und

---

[11] Zur Bedeutung von Calvisius siehe Anhang B.

lohnenswert, diese längst vergangene Episode einer heute esoterisch anmutenden theologischen Streitfrage genauer auszuleuchten, weil hier fundamentale Fragen der Chronologie angeschnitten werden. Wir können hier nur kurz darauf eingehen.

Stammfolge	Alter bei Geburt des Stammhalters		Lebensjahre nach Geburt des Stammhalters	
	Hebräer	Sept.	Hebräer	Sept.
Adam	*130*	*230*	*800*	*700*
Seth	*105*	*205*	*807*	*707*
Enos	*90*	*190*	*815*	*715*
Cainan	*70*	*170*	*840*	*740*
Mahalaleel	*65*	*165*	*830*	*730*
Jared	162	162	800	800
Enoch	*65*	*165*	*300*	*200*
Methusalem	187	187	782	782
Lamech	182	188	595	565
Durchschnitt	117	185	730	660
Noahs Alter bei der Sintflut	600	600		
Zeitdauer ab Adam bis zur Sintflut	1656	2262		

Tabelle 4: Generationenfolge ab Adam (Jackson: Chronologische Alterthümer; Nürnberg 1756).

In Tabelle 4 ist die erste Stammfolge der Menschheit aufgeführt – einerseits in der Zählweise der Hebräer und anderseits in der Tradition der Septuaginta, die sich nicht durchsetzen konnte. Abgesehen von der kleinen Differenz bei Lamech, die hier zunächst ohne Belang ist, sieht man sofort den entscheidenden Unterschied bei sechs Stammvätern (kursiv): In der hebräischen Tradition wird ihr Alter bei der

Geburt des Stammhalters um durchwegs 100 Jahre weniger ausgewiesen als es die Septuaginta überlieferte. Diese Differenz summiert sich über die sechs betroffenen Stammväter auf 600 Jahre – zufälligerweise ist Noah beim Eintreffen der Sintflut genau 600 Jahre alt (in beiden Zählweisen notabene!). Wenn man die sechs Jahre Differenz bei Lamech noch dazu nimmt, dann erhält man genau die 606 Jahre, die zwischen der Gründung Karthagos bis zu seiner Zerstörung vergingen, wie Trithemius an gegebener Stelle vermerkt. Wir werden weiter unten sehen, dass Aufstieg und Fall Karthagos vermutlich jeweils eine Epoche begründet hat. Diese Epochendifferenz könnte auch den unterschiedlichen chronologischen Auffassungen bei den Hebräern und den Autoren der Septuaginta bezüglich der Berechnung der Stammfolge der Patriarchen zugrunde liegen.

Wer auch immer einen Grund sah, diese Lebensdaten zu korrigieren, tat es in radikal einfacher Weise: die Differenz wurde einfach in sieben Paketen (6 x 100 und 1 x 6 Jahre) auf die Patriarchen verteilt. Aus der Sicht der der Septuaginta verhafteten Traditionalisten taten dies die verhassten „Hebräer", indem sie auf diese Weise die 606 Jahre aus der Ära der Patriarchen strichen. Und die Juden taten das nach Meinung der strenggläubigen Christen vor allem deshalb, um die vorchristliche Zeitrechnung, die das Kommen des Messias determinierte, zu verfälschen. Jesus Christus wäre gemäss jüdischer Zeitrechnung gut 600 Jahre zu früh gekommen und konnte demzufolge nicht der Messias sein.

Bis zur Geburt Noahs hatten die Patriarchen bei Geburt ihres Stammhalters durchschnittlich das folgende Alter: 117 Jahre gemäss hebräischer Überlieferung und 185 Jahre gemäss der Septuaginta. Beide Angaben können – gemessen an der heutigen Lebenserwartung der Menschen – nicht plausibel erklärt werden. Das Lebensalter der Eltern bei der Geburt des Stammhalters definiert die Länge einer Generation. Bei einer Geschichtsschreibung, die nach Generationen zählt, wird diese Generationenlänge zum entscheidenden und vielleicht einzigen Mass, mit dem die zeitlichen Distanzen zu vergangenen

Epochen abgesteckt werden können. Im Prinzip gibt es nur zwei echte Generationenfolgen: die männliche und die weibliche. Jeder Mann hat einen Vater, der wiederum einen Vater hatte usw.; analog die weibliche Generationenfolge über die Mutterlinie. Beide Linien zeigen ununterbrochen in die fernste Vergangenheit der Menschheit: letztlich zu „Adam und Eva", wenn man so will. Die männliche Generationenfolge ist etwas langsamer getaktet als die weibliche; auf zehn männliche Generationen rechnet man elf weibliche. In Westeuropa dürften die Generationenabstände langfristig bei etwa 30 Jahren in der männlichen und bei etwa 27 Jahren in der weiblichen Stammlinie liegen. Wie es sich damit in den Urzeiten der Patriarchen verhielt, wissen wir nicht. Spätestens aber seit dem Zeitpunkt, als laut Genesis Gott den Menschen eine maximale Lebensspanne von 120 Jahren beschied, dürften sich die biologisch bestimmten Abschnitte im Leben des Menschen nicht mehr allzu sehr verändert haben.

Einige von Trithemius' Datierungen sind in ihrer Bedeutung schwer einzuschätzen, zumal nicht klar ist, wovon er spricht. So bemisst Trithemius die Periode der Götzenanbetung mit 2'300 Jahren und lässt sie in den ersten nachchristlichen Jahrhunderten zu Ende gehen. Das Niederreissen von Götzenbildern (Ikonoklasmus) ist historisch allerdings weniger mit dem frühen Christentum, sondern v.a. mit dem Aufkommen des Islam (7./8. Jh.) und dann wieder mit der Reformation (16. Jh.) verknüpft. Und gewiss hat mit dem Christentum auch die Totenverehrung noch kein Ende gefunden, sondern etwa mit dem Märtyrerkult überhaupt erst einen (erneuten?) Anfang genommen. Das Geburtsjahr von Jesus Christus – quasi die Geburtsstunde des Christentums - ist Trithemius eine dreifache Absicherung wert, die leider seltsame Widersprüche aufweist. Mit 751 URB käme man ins Jahr 2 v.CHR, was lange Zeit als das „wahre" Geburtsjahr Christi galt. Problematisch ist die Datierung „im Jahr 42 von Octavianus Cäsar Augustus", da hier entweder eine Verwechslung bzw. Verschreibung oder ein anderes

Datierungsschema vorliegt.[12] Im Zusammenhang mit einem mysteriösen Buchfund im Jahr 1244 behauptet Trithemius sodann, dass Christus zu Beginn der Herrschaft Saturns (4960 TRI) jungfräulich geboren wurde, jedoch datierte er zuvor dieses epochale Ereignis gegen deren Ende hin, nämlich ins Jahr 245 dieser Periode (= 5205 TRI). Daraus könnte man etwa die Synoche 5205 CAL = 1256 CHR ableiten, was allenfalls die Frage aufwürfe, ob es Mitte des 13. Jahrhunderts so etwas wie eine Christuserwartung gab, dass also Christus demnächst (wieder)geboren werde. Die Rede von der „dritten Welt" lässt auch einen ideellen Zusammenhang mit der Lehre von den drei Reichen des Joachim von Fiore vermuten, der den Anbruch des „dritten Reiches" für das Jahr 1260 prophezeite, was bei seinen Zeitgenossen endzeitliche Fantasien beflügelte.

Als äusserst rätselhaft erscheint sodann Trithemius' Behauptung, dass Rom in einem Jahr „1484" gegründet wurde. Konventionell wird die Epoche *ab urbe condita* („seit Gründung der Stadt") ins Jahr 753 v.CHR gesetzt. Es ist keine gängige Jahreszählung bekannt, die damals im Jahr Eins der Gründung Roms die Zahl 1484 erreicht hätte. Das erwähnte Jahr 239 in der Periode Gabriels würde gemäss Schema dem Jahr 4491 TRI entsprechen. Es könnte daher sein, dass Trithemius bei dieser Datierung die Synoche 1484 URB = 4492 JUD vor Augen hatte. Nach konventionellem Schema befänden wir uns im Jahr 732 CHR. Im Klartext: Die Gründung der Stadt Rom erfolgte im Jahr 1484 seit der „Gründung der Stadt". Aber welcher Stadt? Offensichtlich nicht Roms! In der Formulierung „ab urbe condita" wird ja Rom auch nicht erwähnt, jedoch sind laut Calvisius zwischen den Gründungen Hebrons und Roms 1482 Jahre vergangen, so dass der Verdacht besteht, dass die URB-Epoche sich ursprünglich auf Hebron bezog. Hebron gilt als eine der

---

[12] Calvisius datiert das Jahr 2 v.CHR mit „Augustorum 24" und „Iulianus 42".

ältesten Städte der Welt und als Bestattungsort der biblischen Patriarchen seit Abraham. Ähnlich liegt der Fall bei Karthago, dessen Zerstörung Trithemius in ein Jahr „606" legt. Calvisius nennt zwei Daten für die Zerstörung Karthagos: 3804 CAL = 607 URB (durch die Römer) und 4482 CAL = 1285 URB (durch die Vandalen). Man sieht sogleich, dass das erste von Calvisius genannte Datum (607 URB) praktisch dem Datum von Trithemius entspricht, wobei dieser aber vom Jahr 606 ab Gründung der Stadt Karthago spricht. Die „ab urbe condita"-Datierung ist offensichtlich zu wenig spezifisch, da mit *urbe* nicht automatisch Rom gemeint sein muss, sondern irgendeine Stadt gemeint sein kann - wohl zumeist die vom genannten Ereignis betroffene, also in diesem Fall Karthago selbst. Darüber hinaus besteht die Möglichkeit, dass die beiden von Calvisius genannten Daten aufgrund der Synoche 607 APR = 1285 JUL ebenfalls als identisch zu betrachten sind. Wie wir weiter oben im Zusammenhang mit den Datierungsdifferenzen zwischen den Hebräern und den Autoren der Septuaginta schon gesehen haben, könnte diese karthagische Epochensetzung auch in einen biblischen Kontext verwoben worden sein.

Durchaus bemerkenswert ist Trithemius' allgemeine geschichtskritische Haltung, v.a. auch gegenüber den gängigen Mythen seiner Zeit. So äussert er sich ziemlich despektierlich zur „trojanischen Abstammungslehre", die damals wohl gerade sehr in Mode war. Der Fall von Troja ist ein Untergangs-, aber zugleich ein europäischer Gründungsmythos, und demzufolge sehen wir hier die Gründung einiger europäischer Städte in sehr frühe Zeiten verlegt. Würde man etwa die Zeitrechnung ab Trojas Eroberung mit dem auf Roms Gründung gemünzten Kürzel *a.u.c.* benennen, dann würde „u.c." nicht für *urbe condita* („gegründet"), sondern für *urbe capta* („erobert") stehen.

Nimmt man die Zerstörung Trojas im Jahr 1181 v.CHR an (was 1051 HBR entsprechen würde), dann käme man mit der Ersetzung von HBR durch URB oder CHR etwa in jene Zeitalter, wo man die Gründung der genannten Städte realisterweise vermuten darf und wo sie heute auch angesetzt werden (ca. 300 - 1100 CHR). Einen interessanten zeitlichen Bezug geben etwa die Überlegungen der Venezier: Die Gründung ihrer Stadt wird gemeinhin im 5./6. Jahrhundert als eine Fluchtsiedlung vor den Hunnen angenommen, so dass man auch den Fall Trojas als Folge der Invasion der Hunnen ansehen kann. Hinter diesen „Hunnen" verstecken sich im weitesten Sinne asiatische Turkvölker, die unter verschiedenen Namen (Skythen, Hunnen, Ungarn, Mongolen, Türken) über Jahrhunderte das europäische Kernland bedrängten.

Letztlich sind nun aber all die Anachronismen und geschichtlichen Ungenauigkeiten nur Lappalien im Vergleich zum eigentlich Spannenden in diesem spätmittelalterlichen Text: nämlich der Tatsache, dass Trithemius zu seinem vordergründig präsentierten geschichtlichen Abriss − der sich durchaus im Rahmen der Konventionen seiner Zeit bewegt - eine ganz andere Deutung der Chronologie zur Diskussion stellt, die er auch explizit benennt und die er wohl, wenn er sie für absurd gehalten hätte, leicht hätte verschweigen können. Die Dauer der Herrschaft eines Planetenengels entspricht mit 354 Jahren und 4 Monaten (= 354 1/3) nominell ziemlich genau der Länge eines synodischen Mondjahrs (= 354,367 Tage).[13]

Dies ist schwerlich ein Zufall und verstärkt den Eindruck, dass in der Chronologie des Trithemius gar nicht von Sonnenjahren, sondern von anderen Zeiteinheiten die Rede ist, etwa von Mondjahren. Noch radikaler könnte man die Periode von 354 1/3 Jahren dadurch erklären, dass diese angeblichen Jahre weder Mond- noch Sonnenjahre sind, sondern effektiv Monate, so dass die ganze Periode auf knapp 30 Jahre (354,33 / 12 = 29,5) schrumpfen würde. Es wäre dann eine um den Faktor 12 verkürzte Chronologie, in der die gezählten Jahre in Wirklichkeit Monate sind. Und hier käme

---

[13] Der synodische Monat bezeichnet als Mittelwert die Zeit von einer Mondphase zur nächsten identischen Mondphase; die tatsächlich beobachtbare Periode einer Phasengleichheit bezeichnet man als Lunation.

wiederum Saturn als der „erste Verursacher" ins Spiel: seine Umlaufzeit beträgt zufälligerweise knapp 29,5 Jahre. Er könnte also die Rolle des (ersten) Taktgebers gespielt haben. Saturn heisst in der Mythologie auch Chronos, er ist der Herrscher über die Zeit; sein Umlauf um die Sonne dauert in Jahren so lange wie der Umlauf des Mondes um die Erde in Tagen – nur ein Zufall? Die Zeitspanne von knapp 30 Jahren wäre auch darum eine schöne geschichtliche Periode, weil sie ziemlich genau die Abfolge der (männlichen) Generationen taktet. Wie lautet nun die diesbezügliche Stelle bei Trithemius? Ganz am Schluss seiner Darlegungen lässt er den bedeutungsvollen Satz fallen: [14]

„Es gibt einige, die in diesen Dingen lunare Monate vermuten, was bedeuten würde, dass diese Sachen, von denen ich geschrieben habe, variiert werden müssten".

Man könnte diesen Satz lediglich so interpretieren, dass immer dann, wenn in der *Chronologia mystica* von Monaten die Rede ist (also etwa die stets genannten „4 Monate"), nicht Kalendermonate eines Sonnenjahres, sondern echte Mondmonate gemeint sind. Das würde dann darauf hinauslaufen, dass man die von Trithemius ausgerollte Chronologie nach dem islamischen Kalender ausrichten müsste. Das wäre wohl spannend und für Trithemius ketzerisch genug, wir wollen jedoch eine noch radikalere Deutung wagen: dass nämlich die Zählung nach angeblichen (Sonnen)jahren in Wirklichkeit als eine Zählung nach Mondmonaten zu betrachten sei, was in der Konsequenz natürlich bedeuten würde, dass der von Trithemius ausgerollte Geschichtsbogen um einen Zwölftel gekürzt werden müsste! Die Länge eines mittleren synodischen Monats verhält sich zur Länge eines mittleren Sonnenjahrs wie 1:12,38 (bzw.

---

[14] Die Formulierung lehnt sich an Lillys Übersetzung. In der mir vorliegenden lateinischen Ausgabe heisst es: „Sunt vero qui menses in his supputavere Lunares: quibus consentiendum si duxeris, mutanda sund ea, quae aliter scripsi."

1:12,36 zum einfachen Sonnenjahr). Das Verhältnis 1:12 scheint aber in vielen antiken Kalendern die massgebende Teilungszahl gewesen zu sein. Bei der Analyse müssten wohl beide Varianten berücksichtigt werden, jedoch spielt es bei der folgenden Untersuchung keine Rolle, mit welcher Verhältniszahl man die Jahre umrechnet, denn man wird sinngemäss auf dasselbe Resultat stossen. Ohnehin dürfte die Angelegenheit um einiges komplizierter sein, und auch heutige Historiker sind kaum vertraut mit der Problematik. Ob und weshalb in der überlieferten Geschichte Monate für Jahre, ja sogar Tage für Jahre durchgehen konnten, ohne dass Generationen von Historikern dies wahrhaben wollten, ist in der Tat eine merkwürdige Geschichte für sich; die wenigen Ausnahmen, die der Sache auf den Grund gehen, sind dafür umso erhellender! [15]

Trithemius hält sich bei der Präsentation dieser mysteriösen Idee bedeckt und bemüht andere („einige"), um das Thema aufs Tapet zu bringen. Wenn er diesen Gedanken für absurd gehalten hätte, dann wäre er für ihn wohl keiner Erwähnung wert gewesen. Inwieweit damals die Probleme und Zusammenhänge überhaupt durchschaut und diskutiert wurden, lässt sich heute nicht mehr feststellen; Trithemius' Quellenlage bleibt für uns undurchschaubar, zumal die chronologische Aufarbeitung des spärlich überlieferten Quellenmaterials erst etwa hundert Jahre später erfolgte. Man könnte hier ins Feld führen, dass die Idee, Monate als Jahre zu bezeichnen, schon bei einem römischen Schriftsteller wie Censorinus zu finden ist, der diese Praxis den alten Ägyptern zuschreibt.[16] Aber gerade solche klassischen Textstellen können für Trithemius − falls er sie überhaupt gekannt hat! - nicht ausreichend relevant gewesen sein, da sie von archaischen Kalenderpraktiken aus grauer Vorzeit handeln,

---

[15] Friedrichs: Die Geschichtszahlen der Alten sind Kalenderzahlen; Leipzig 1910.
[16] Parker (Hrsg.): Censorinus: The birthday book (*de die natali liber*); Chicago 2007.

während er selbst eine unspezifische Aussage zur geschichtlichen Zeitrechnung an und für sich macht.

Zyklusbeginn TRI	Zyklusbeginn TRI/12.36	Zyklusbeginn TRI/12	Zyklusbeginn „n. Chr." laut Trithemius
354	28.6	29.5	
708	57.3	59.0	
1063	86.0	88.6	
1417	114.6	118.1	
1771	143.3	147.6	
2126	172.0	177.2	
2480	200.6	206.7	
2834	229.3	236.2	
3189	258.0	265.8	
3543	286.7	295.3	
3897	315.3	324.8	
4252	344.0	354.3	
4606	372.7	383.8	
4960	401.3	413.3	
5315	430.0	442.9	109
5669	458.7	472.4	463
6023	487.3	501.9	817
6378	516.0	531.5	1171
6732	544.7	561.0	1525

Tabelle 5: Reduktion der trithemischen Weltzyklen.

Die geschichtlichen Daten müssten also „variiert" werden, indem man die bezeichneten „Jahre" als Monate interpretiert (so die Deutung, die wir weiter verfolgen wollen), wobei je nach Umrechnung siderische, synodische oder kalendarische Monate zu Mond- oder Sonnenjahren in Beziehung gesetzt werden können. In Tabelle 5 wurde diese Verkürzung anhand zweier Beispiele umgesetzt.

Die durch Trithemius postulierte CHR-Jahrreihe lässt sich nun leicht in andere bekannte Weltepochen überführen, indem das CHR-Etikett durch eine andere Epoche ersetzt wird (Tabellen 6 und 7), wobei sich wiederum entsprechend andere Weltären ergeben, die sehr nahe an die TRI-Epoche herankommen. Die Abfolge der Synochen TRI ⇔ CHR entspricht so in etwa einer Abfolge der Synochenpaare CAL ⇔ ALF und BYZ ⇔ SLK.

Trithemius		Calvisius	
TRI	CHR	ALF	CAL
5315	109	109	5310
5669	463	463	5664
6023	817	817	6018
6378	1171	1171	6373
6732	1525	1525	6727

Tabelle 6: Hypothese CHR = ALF.

Trithemius		Calvisius	
TRI	CHR	SLK	BYZ
5315	109	109	5305
5669	463	463	5659
6023	817	817	6013
6378	1171	1171	6368
6732	1525	1525	6722

Tabelle 7: Hypothese CHR = SLK.

Angeblich haben die Epochen SLK und ALF historisch gesehen nichts miteinander zu tun, jedoch entspricht die Differenz zwischen ihnen (= 1563) in etwa jener zwischen BYZ und CAL (= 1559). Bezüglich der verkürzten Epochen BYZ/12 und CAL/12 wäre diese Differenz natürlich nur noch der zwölfte Teil von 1559, nämlich ziemlich genau 130 Jahre. Wenn also diese Differenz von 1563 Jahren zwischen der mittelalterlichen alfonsinischen Epoche (ALF) und der in die klassische Antike zurückreichenden seleukidischen Epoche (SLK) in derselben Weise konstituiert wurde wie der Unterschied zwischen den genannten Weltepochen, so müsste auch die Reduktion um den Faktor 12 in analoger Weise applizierbar sein: Die Epochen ALF und SLK, d.h. Hochmittelalter und Antike, Alfons X und Alexander der Grosse lägen dann nur noch 130 Jahre auseinander anstatt der geforderten 1563 Jahre.

Tabelle 8 zeigt eine weitere interessante Variante, die entsteht, wenn wir TRI durch BYZ ersetzen und die entsprechenden Reduktionen vornehmen. Die Epoche VIC3 wird uns später noch beschäftigen.

(TRI)BYZ 6732	=	(SLK) (1535)	=	CHR 1224
		/12		
561 APR		=		102 VIC3

Tabelle 8: Hypothese TRI = BYZ.

Trithemius verfasste seine Abhandlung in einem Jahr 1508 und damit 17 Jahre vor dem erneuten Wechsel der Planetenherrschaft. Die „Zeichen der Zeit" deuteten offenbar den Umbruch des Zeitalters schon an. Ob Trithemius wirklich im Jahr 1508 unserer Zeitrechnung (CHR) seine Abhandlung verfasste, wissen wir aber nicht, denn die gängige Vorstellung, die damals benutzten Jahreszahlen seien epochenkompatibel mit den unseren, ist ziemlich naiv und entbehrt auch jeder chronologischen Grundlage. Trithemius benutzte jedoch unzweifelhaft ein chronologisches Schema, das die byzantinische mit der seleukidischen Epoche in Beziehung setzt, und zwar nach der Formel

$$TRI = CHR \Leftrightarrow BYZ = SLK - 10$$

Mit anderen Worten: Die Synoche, welche die Ära der Planetenengel (TRI) mit der Ära nach Christus (CHR) synchronisiert, entspricht der gängigen Synchronisation zwischen byzantinischer Epoche (BYZ) und seleukidischer Epoche (SLK), wenn man die Jahreszahl der seleukidischen Epoche um 10 vermindert.[17] Für die vorchristliche Zeit entsprechen seine TRI-Jahre weitgehend dem Weltalter bei Calvisius (CAL), so etwa die Sintflut anno 1656 TRI bzw. 1657 CAL. Das ist nicht selbstverständlich, da beide von einer jeweils anderen Weltepoche ausgehen: Trithemius hält sich ungefähr an die Berechnungen Bedas und legt das erste Jahr der Welt ins Jahr 5202 v.CHR, während Calvisius die Schöpfung im Jahr 3949 v.CHR beginnen lässt. Die Differenz von 1253 Jahren könnte etwa mit dem Versatz zwischen alfonsinischer und christlicher Zeitrechnung erklärt werden (1 ALF = 1253 CHR).

Wir als Nachgeborene, die den Inhalt und das chronologische Gerüst der überlieferten Geschichte zunehmend in Frage stellen, wundern uns umso mehr, dass diese Idee der Monatsjahre, nach denen die antike Geschichte zu bemessen wäre, seither vergessen gegangen sein soll und praktisch nicht mehr aufgetaucht ist - vor allem wenn sich herausstellen sollte, dass sie ein Schlüssel zum Verständnis der älteren Geschichte ist. So lässt sich mit dem Faktor 12 etwa das „biblische Alter" der Patriarchen auf ein normales Menschenmass reduzieren. Diese Idee ist nicht neu, und sie geht leider auch nicht gänzlich auf, da mit dieser Rechnung einige Patriarchen schon im zarten Kindheitsalter Nachkommen gezeugt hätten. Das Problem des „biblischen Alters" ist bis heute nicht gelöst, weder biologisch, noch theologisch. Es ist allerdings denkbar, dass gerade dieses Beispiel schon die Chronologen des Mittelalters zu

---

[17] Beispiel: Für Trithemius galt 6732 TRI = 1525 CHR; nach gängiger Chronologie (Calvisius) gilt jedoch 6732 BYZ = 1535 SLK = 1224 CHR.

Spekulationen antrieb, ob etwa die 969 „Lebensjahre" des Methusalem vielleicht eher in Monaten statt Jahren zu rechnen seien. Methusalem wäre dann etwa 80 Jahre alt geworden, was zwar für jene Zeiten ein ordentliches Alter gewesen wäre, aber keinesfalls als „uralt" gelten könnte. Die Beschneidung traf Abraham in seinem 99. Altersjahr, was in Monaten gerechnet etwa seinem 8. Altersjahr entsprochen hätte. Die moderne jüdische Beschneidungspraxis (8 Tage nach der Geburt) wäre dann eine Missdeutung dieser Textstelle (Gen 17,12), die eigentlich wohl 8 Jahre nach der Geburt meinte, was als Alter für ein Initiationsritual zulässig wäre, eine Beschneidung kurz nach der Geburt hingegen nicht, da der beschnittene Neugeborene das Ritual nicht bewusst erleben kann. So wird es auch im Islam gehandhabt, wo die Beschneidung erst in der späteren Kindheit, aber spätestens mit dem Einsetzen der Pubertät geschieht. Dieselbe Verwirrung gibt es in den christlichen Konfessionen, wo verschiedene Initiationsriten kurz nach der Geburt (Säuglingstaufe) oder erst später im Abstand von Jahren (Kommunion, Firmung, Konfirmation) zueinander in unklarer Beziehung stehen. Möglicherweise müssen für die Reduktion der biblischen Lebensalter auch noch andere Faktoren als 12 angewendet werden.

Es gibt einige Indizien dafür, dass auch der Faktor 7 eine Rolle spielen könnte. Methusalem wäre dann 138 Jahre alt geworden, was in der Tat „uralt" wäre, aber immerhin noch im Bereich des biologisch möglichen, und Abraham wäre mit 14 Jahren beschnitten worden, was in der arabischen Tradition als äusserste Grenze für das Beschneidungsritual gilt. Die Lösung des Problems der biblischen Lebensalter besteht vermutlich darin, dass man die verschiedenen Lebensabschnitte unterschiedlich reduziert. Das Alter der biblischen Patriarchen bis zur Geburt ihrer Stammhalter unterliegt einer anderen Zeitrechnung als ihre restliche Lebenszeit. Dies lässt sich gut anhand des von Sem abgehenden Stammbaums zeigen:

Stammvater	Alter bei Geburt des Stammhalters	Lebensjahre nach Geburt des Stammhalters	Faktor-korrigiert Restlebe	
(alle Werte gerundet)			1/12	1/7
Sem	100	500	42	71
Arpachschad	35	403	34	58
Schelach	30	403	34	58
Eber	34	430	36	61
Peleg	30	209	17	30
Regu	32	207	17	30
Serug	30	200	17	29
Nachor	29	119	10	17
Terach	70	135	11	19
Durchschnitt Sem-Terach	43	290	24	41
Durchschnitt Arpachschad-Nachor	31	282	23	40

Tabelle 9: Semitische Stammfolge.

Tabelle 9 deckt auf, dass in der Bibel verschiedene Datierungssysteme Verwendung fanden. Sem gehört mit seinen Lebensdaten noch eindeutig der „alten Generation" an, seine Nachkommen hingegen gehorchen zumindest bezüglich ihres Fortpflanzungsalters den menschlichen biologischen Gesetzen, während ihre Restlebenszeit nur erklärbar ist, wenn man sie um einen geeigneten Faktor reduziert. Terach als Vater Abrahams könnte hinsichtlich seines Zeugungsalters ein statistischer Ausreisser sein. Mit 70 Jahren kann ein Mann durchaus noch Kinder zeugen, jedoch ist dies in der langen Reihe von Generationen natürlich eine Ausnahme.

Auch bei Trithemius gibt es einen gut versteckten Hinweis auf den Reduktionsfaktor 7. So offenbart seine Chronologie der nachchristlichen Zeit einerseits einen systematischen Fehler bei der Abzählung der Jahre und

anderseits einen spezifischen Fehler, der auch als Hinweis
gedeutet werden könnte:

Zyklusbeginn TRI	Zykluslänge TRI (gerundet)	Zyklusbeginn CHR	Zykluslänge CHR
5315	354	109	354
5669	354	463	354
6023	355	817	354
6378	354	1171	354
6732	354	1525	354
7086	84	1879	1
7170	...	1880	...

Tabelle 10: Abweichende Zykluslänge.

Aus Tabelle 10 geht hervor, dass die TRI-Zyklen quasi
„geschaltet" sind (355 Jahre im 3. Zyklus), während die
korrespondierenden CHR-Zyklen ohne Schaltung bleiben. Die
Schaltung (bzw. das Überspringen eines Jahres) ergibt sich ja
zwingend aus dem Überschuss von einem Dritteljahr, der jeder
Zyklus mit sich bringt und der sich nach drei Zyklen zu einem
ganzen Jahr aufsummiert. Insofern besteht die Anomalie in der
CHR-Jahreszählung, wo dieser Überschuss offenbar nicht
anfällt. Es könnte sich hier aber auch nur um einen simplen
Rechenfehler handeln, indem man bei der Konstruktion der
CHR-Jahreszahlen nicht daran dachte, dass mit jedem Zyklus
noch ein Dritteljahr in die Rechnung einfliessen sollte.
Spannender ist der „Fehler" am Schluss: Hier scheint gar ein
einziges CHR-Jahr ganzen 84 TRI-Jahren zu entsprechen. Da
nun aber vermutlich auf der TRI-Seite eine Monatszählung
vorliegt, dann ergäbe sich folgende interessante Gleichsetzung:

1 CHR-Jahr = 84 TRI-Monate → 1 CHR-Jahr = 7 TRI-Jahre

Mit dieser Rechnung käme man auf eine chronologische Kürzung um den Faktor 7. Das Schema der Jahreszahlen sähe dann für die nachchristliche Periode wie folgt aus:

Zyklusbeginn TRI	Zyklusbeginn TRI / 7	Zyklusbeginn CHR	Zyklusbeginn CHR / 7
5315	759	109	16
5669	810	463	66
6023	860	817	117
6378	911	1171	167
6732	962	1525	218

Tabelle 11: „Jubel-Perioden".

Der Reduktionsfaktor 7 lässt die planetarischen Zyklen von 354 auf etwa 50 Jahre schrumpfen, was in der jüdischen Tradition einer sogenannten „Jubelperiode" entspricht. Diese Periode der „Jubeljahre" (eigentlich 7 x 7 = 49 Jahre) ist aber wohl selber ein Beispiel eines um den Faktor 7 gestreckten Zeitabschnitts.

Im mittleren Wertebereich entspricht übrigens die Synoche CHR/7 = TRI/7 ziemlich genau der Beziehung MOH = TYR (z.B. 117 MOH = 860 TYR). Eine Interpretation dieses Sachverhalts könnte darauf hinauslaufen, dass die vormohammedanisch-nachchristliche Zeit (also die bekannten 622 Jahre) nur zu einem Siebtel zu rechnen wäre, womit die „wahre" christliche Epoche nur noch etwa 89 Jahre vor der mohammedanischen zu liegen käme und somit etwa ins Jahr 533 CHR, und das wäre insofern stimmig, als dies just jenes Jahr ist, in dem Dionysius Exiguus seine christliche Zeitrechnung anrollen liess. Eine andere Textpassage lässt hingegen indirekt auf einen Reduktionsfaktor 8 schliessen. So enthält die Chronologie für Zedekia und Aristobulos einen interessanten Fehler: Zwischen Zedekia, dem letzten König von Juda, dessen Herrschaft im Jahr 586 v.CHR endete, und

Aristobulos, dem hasmonäischen Hohepriester, der 106 v.CHR den Königstitel annahm, liegen nicht 575 Jahre (wie Trithemius behauptet), sondern nur 480 Jahre. Zum Vergleich: Nach rabbinischer Lehre sollten zwischen dem 1. Tempelbrand (586 v. CHR) und dem 2. Tempelbrand (70 CHR) 490 Jahre liegen (in Anlehnung an die im Buch Daniel genannten 70 Jahrwochen), während es tatsächlich 655 Jahre sind. Wenn wir hier jeweils zwei chronologische Zählweisen zugrunde legen, dann könnte das heissen, dass in 10 Einheiten der einen Zählung (von 480 auf 490) genau 80 Einheiten der anderen verstreichen (von 575 auf 655).

Trithemius gibt uns also explizite und auch versteckte Hinweise, dass Teile der älteren Geschichte vielleicht um bestimmte Faktoren (12, 8, 7) gekürzt werden müssten. Und es dürfte klar sein, dass nicht jeder Abschnitt der von ihm ausgebreiteten Geschichte in gleichem Ausmass einer Kürzung unterliegt. Für die jüngste Geschichte, die Trithemius noch selbst als Zeitgenosse erlebte, dürfen wir annehmen, dass keine grösseren Kürzungen vorzunehmen sind. Allenfalls müssten einige Zeitabschnitte in Mond- statt Sonnenjahren gerechnet werden. Doch ab wann müssen wir damit rechnen, dass die Chronologie fundamental ungenau wird, weil sie stark gekürzt zu denken ist? Uns interessiert natürlich vor allem die nachchristliche Zeit, weil sie unser kulturelles Selbstverständnis am meisten tangiert. So etwa sieht Trithemius Konstantins Konversion zum Christentum im Jahr 5539 TRI (= 332 CHR), was mit der offiziellen Geschichte nicht übereinstimmt. Konstantin bekundet zwar schon früh Sympathien für das Christentum: ab etwa 311 schützt er mittels Toleranzedikten die Christen vor Verfolgung. Nach einem wichtigen militärischen Sieg (312), vor dem ihm das Wunderzeichen eines Kreuzes am Himmel erschien, das ihm den Sieg bedeutete (*in hoc signo vinces*), lässt er gar die Standarten seiner Truppen mit einem Kreuz schmücken (anstelle des Adlers). Anno 325 beruft er auch das berühmte Konzil von Nicäa ein, aber er ist angeblich noch immer kein bekennender Christ - taufen lässt er sich nämlich erst 337, im Jahr seines Todes.

Daher scheint nicht klar zu sein, wie Trithemius zu seiner Datierung kam.

Doch die Lösung ergibt sich vielleicht, wenn man die TRI-Jahre als Monate rechnet, womit man in ein Jahr „461" käme (= 5539/12). Nun liefert die Synoche 337 CHR = 461 TYR eine mögliche Erklärung für den Sachverhalt. Die unwirklich hohe und daher – wie alle Weltalterzählungen – offensichtlich konstruierte Jahreszahl „5539" entpuppt sich hier als das Zwölffache der Jahreszählung nach der tyrischen Epoche. Das Jahr „337 CHR" kannte natürlich noch keine christliche Jahreszählung nach unserem Schema, und die Umrechnung TYR ⇔ CHR ergab zu Trithemius' Zeiten vielleicht einen anderen Wert.

Trithemius erwähnt mehrmals „Kreuze" auf Kleidern. Und man fragt sich natürlich, ob es hier einen Zusammenhang geben könnte mit Kaiser Konstantins Hinwendung zu diesem Symbol. Seine Truppen werden das Kreuz wohl nicht nur auf ihren Fahnen, sondern als Emblem auch auf ihren Kleidern und Rüstungen getragen haben. Trithemius liefert für das erstmalige Erscheinen dieser Kreuze eine widersprüchliche Datierung: einerseits zur Zeit von „Julianus Cäsar" (d.h. dann wohl um 360, da vermutlich Julianus Apostata gemeint ist), anderseits gegen das Ende der 16. Periode, die bis 463 dauerte. Beim nächsten Ereignis dieser Art fällt hingegen die jahrgenaue Datierung auf: 774! Dies ist umso bemerkenswerter, als Trithemius sonst mit expliziten Jahresangaben eher sparsam umgeht. Die Synochen 463 DIC = 774 CHR / 774 SLK = 463 CHR lassen hier einen starken Zusammenhang vermuten, und die Synoche 359 SLK = 463 BYZ/12 rundet diese Vermutung ab. Diese Synochen sind ein Indiz dafür, dass die von Trithemius genannten CHR-Jahreszahlen für diesen Zeitraum als Zwölftel der gängigen Weltepochen (hier BYZ) zu verstehen sind.

Bei der Datierung der mohammedanischen Epoche könnte es aber genau umgekehrt gelaufen sein: Beim berühmten und im wahrsten Sinne des Wortes epochalen Jahr „622" - Mohammeds Flucht aus Mekka („Hedschra") - könnte es sich vielleicht um eine Monatszählung handeln. Trithemius bedient sich für die Einordnung der Gründung der mohammedanischen Sekte der seltsam ungenauen Datierung „etwa ums Jahr 600". Man sollte eigentlich meinen, dass er das hierfür entscheidende Jahr 622 gekannt haben müsste. Selbst wenn man berücksichtigt, dass Mohammed schon einige Jahre früher seine neue Lehre zu verkünden begann, dann ist eine Datierung „um 600" (zumal für die definitive Abspaltung als Sekte) immer noch viel zu früh. Die Epochensetzung für das islamische Zeitalter enthält nun in der Tat einige Unklarheiten, und dies schon seit den allerersten Anfängen. Man kann nur darüber spekulieren, welche Zeitrechnungen die Araber benutzten, bevor Kalif Omar der verwirrenden Datierungspraxis im Schriftverkehr überdrüssig wurde, und eine neue, absolute Zeitrechnung begründete, wobei als Epoche das einzige Datum in Frage kam, das unter allen Gelehrten und Ratgebern des Kalifen unbestritten war: dasjenige der Hedschra, seit der − wie sich damals alle zu erinnern glaubten - 17 Jahre verstrichen waren. [18]

Doch mit der administrativen Einsetzung der islamischen Zeitrechnung war natürlich noch lange nicht die entsprechende „christliche" Jahreszahl bekannt. Wie kam sie wohl zustande? Zunächst kann die Unsicherheit in der Festlegung der islamischen Epoche (immerhin eine Differenz von etwa zwanzig Jahren), wie sie offensichtlich auch um 1500 immer noch bestand, auf die widersprüchliche Datierung von Mohammeds Geburt zurückgeführt werden. Heute wird Mohammeds Geburt ins Jahr 571 CHR datiert, doch gibt es Überlieferungen, die sie ins sogenannte „Jahr des Elefanten" legen (um 550 CHR), und einige Quellen legen sie gar 50 Jahre nach dem Jahr des Elefanten. Mohammeds Zeitgenossen, die mit ihm die Hedschra erlebten, mögen sich wohl noch erinnert haben, dass der Prophet damals etwa 50 Jahre alt war. Konsequenterweise wird seine Geburt von den Schiiten ins Jahr 52 vor der Hedschra datiert. Nun entsprechen

---

[18] Albiruni (s.u.).

50 Sonnenjahre 619 synodischen Monaten. Ist es nun verwegen anzunehmen, dass das Jahr „622" ursprünglich dadurch entstand, dass eine frühe astrologische Rückrechnung das Alter Mohammeds bei seiner Flucht aus Mekka mit 622 Monaten festsetzte und dass diese Zahl in den christlichen Kulturkreis tradiert wurde, wobei bei den Empfängern dieser Botschaft die Monate als Jahre interpretiert wurden? Oder aber das Jahr 622 ist in islamischen Mondjahren gerechnet, was etwa 603 julianischen Jahren entspricht, was wiederum die Formulierung „etwa ums Jahr 600" rechtfertigen würde. Auf jeden Fall müssen wir uns bewusst sein, dass die Epoche der islamischen Zeitrechnung in Relation zu den anderen damals gängigen Ären nicht sicher fixiert ist. Riccioli, ein sehr einflussreicher Jesuit und Astronom des 17. Jahrhunderts, kennt für Mohammed u.a. folgende Lebensdaten: [19]

Geboren:	597
Flucht aus Mekka:	622
Gestorben:	637

Mohammed wäre demnach – und Riccioli erwähnt es explizit – nur 40 Jahre alt geworden. Die Flucht aus Mekka hätte er als junger Mann von 25 Jahren erlebt. Leider gibt Riccioli hier keine Quelle an, und an anderer Stelle im selben Werk erwähnt er wieder andere, konventionellere Daten. Allerdings ist das hier genannte Sterbejahr von 637 insofern interessant, als es sehr nahe an die Zeit heranreicht, als Kalif Omar sich genötigt fühlte, eine verbindliche Epochensetzung vorzunehmen. Theophanes hingegen, ein byzantinischer Chronist des 8./9. Jahrhunderts, datierte Mohammeds Ableben ausgerechnet ins Jahr 622, also ins Jahr der Hedschra und gemäss moderner Lehrmeinung zehn Jahre zu früh.[20] Demnach hätte Mohammeds Tod das Epochenjahr des islamischen Kalenders definiert, was aber nicht wahrscheinlich

[19] Riccioli: Chronologiae Reformatae; Bologna 1669.
[20] Turtledove: The Chronicle of Theophanes; Philadelphia 1982.

ist, da dies unter seinen arabischen Gefolgsleuten als unschicklich gegolten hätte. Unter den Stämmen der arabischen Halbinsel war es Tradition, Epochen an grossartige Ereignisse (zumeist Schlachten) zu knüpfen. Aus diesem Grund hat ja dann auch Kalif Omar die islamische Epoche nicht an den wenige Jahre zurückliegenden Tod des Propheten, sondern an ein weiter zurückliegendes Ereignis gebunden, wobei dann immer noch rätselhaft bleibt, weshalb ein derart auf Kriegsruhm bedachtes Volk eine neue Ära mit einer schmählichen Flucht beginnen lässt. Nun scheint es aber bei einigen Völkern auch Sitte gewesen zu sein, eine Epoche an die Niederlage eines Feindes oder den Tod eines feindlichen Herrschers festzumachen. Und angesichts der Tatsache, dass das Jahr 622 nicht aus dem islamischen Kulturkreis stammt, sondern aus dem christlichen, erhält die Datierung des Theophanes einiges an Gewicht: Der Tod des Widersachers als Epoche! Die Differenz von zehn Jahren zwischen Theophanes' und der kanonischen Datierung erinnert natürlich an die oben genannte Beziehung der Synochen:

$$TRI = CHR \Leftrightarrow BYZ = SLK - 10$$

Wir können das Problem an dieser Stelle nicht lösen, aber wir müssen uns bewusst sein, dass Trithemius' mysteriöse Andeutung, dass die Weltgeschichte vielleicht in Monaten statt Jahren zu rechnen sei, wohl vor allem mit den Chroniken der alten arabischen Völker zu tun hat, die wohl noch kein Sonnenjahr kannten, sondern noch lange nur mit Lunationen rechneten. Nur so ist es zu erklären, dass sie nach Mohammed in Anlehnung und Abstossung fremder Kultureinflüsse (Griechen, Christen, Juden) ein so seltsames Konstrukt wie das Mondjahr erfinden konnten. Sie sahen wohl den Vorteil der Jahresrechnung, konnten aber doch nicht von den Mondzyklen lassen; der lunisolare Kalender der Juden war ihnen zu umständlich, also wählten sie einen Kompromiss. Ein „natürlicher Monat" ist naturgemäss der synodische Monat, und ein „natürliches Jahr" kann streng genommen nur das tropische Sonnenjahr sein. Ein „Mondjahr" – egal mit wieviel Monaten – ist eigentlich ein Unding, das keine zyklische Eigenschaft besitzt und daher als Grundlage eines zivilen Kalenders völlig ungeeignet ist. Das Mondjahr der islamischen Zeitrechung mutet deshalb als künstliches und willkürliches Konstrukt an, das sich allenfalls aus einem weltfremden Rigorismus erklären liesse. Die vormohammedanischen Araber hatten vermutlich lunisolare Kalender mit komplizierten Schaltregeln ähnlich den Juden. Mohammeds Kalenderreform bestand darin, das Jahr zu 12 Monaten festzulegen und jegliche Schaltung zu verbieten. Da man wie die Juden traditionellerweise mit echten Mondmonaten (Lunationen) rechnete, blieb - ohne irgendeine Schaltung zwecks Synchronisation mit dem Sonnenjahr - logischerweise nur das verkürzte „Mondjahr" übrig. Es war eine radikal vereinfachte Sicht auf die komplizierten Phänomene der Zeit, die in dieser Rigidität unmöglich in einer agrarischen Zivilisation entstanden sein konnte. Man könnte sogar soweit gehen zu behaupten, dass mit der mohammedanischen Kalenderreform der Niedergang der einst hochstehenden arabischen Kultur quasi besiegelt war.

Das Mondjahr der Araber ist tatsächlich überhaupt kein Jahr, sondern nur eine quasi-zyklische Abfolge von Lunationen. Vor der Einführung dieses Pseudojahres dürften die meisten arabischen Stämme nur nach Monden gerechnet haben, allenfalls versuchten einige, dem lunisolaren Kalender der Juden zu folgen. Eine solch starke Ausrichtung auf die Mondzyklen muss selbstverständlich auch kulturelle Auswirkungen gehabt haben: so dürfte auch die Astrologie stark auf den Mond ausgerichtet gewesen sein und damit auch die (rückrechnende) Komputistik zwecks Bestimmung der Nativität. Das Sonnenjahr ist das natürliche Jahr, und es ist es umso mehr, je stärker der Vegetationszyklus saisonalen Schwankungen unterworfen ist. Der Rhythmus von Saat, Wachstum, Ernte und Ruhe ist dem Jahreszyklus der Sonne unterworfen; er prägt die Kulturräume der gemässigten Breiten seit Menschengedenken. Die Unterteilung des Jahres in

Zeitabschnitte („Monate"), die sich nicht auf natürliche Weise aus dem Sonnenlauf ergeben, wirkt deshalb künstlich und willkürlich. Der Eindruck einer kulturellen Anomalie verstärkt sich noch, wenn man bedenkt, dass diese Monate noch nicht einmal mit dem Lauf des Mondes synchronisiert sind, und dass kalendarische und astrologische Monate schon lange nicht mehr deckungsgleich sind.

Wie also kam die Zahl 12 in die Berechnung des Sonnenjahres? Sie hat zunächst vorzügliche Eigenschaften der Teilung: Die 12 Abschnitte eines Jahres lassen sich bequem zu grösseren Gruppen zusammenfassen. Ein Jahr lässt sich somit leicht halbieren, dritteln oder vierteln. Noch heute plant, rechnet und studiert man in Semestern und Quartalen. Wer mit Planungsarbeiten beschäftigt ist, dem ist diese leichte Teilbarkeit von grösseren Zeitabschnitten[21] wichtiger als der Verlauf der Mondphasen. Die auf mittel- und langfristige Planung angewiesenen Zins-, Pacht- und Steuereintreiber brauchten unterjährige Zeiteinheiten, die nicht zu kurz sein durften und die mit dem landwirtschaftlichen Jahr einigermassen harmonierten. Die Teilung des Jahres in Abschnitte zu Zwölfteln („Monate") könnte also mit dem Lauf des Mondes nichts oder nur wenig zu tun haben, sondern lässt sich auch nur aus rein arithmetisch-praktischen Überlegungen erklären. Eine durch den Mondlauf gegebene Zwölfteilung des Jahres liesse sich allenfalls dadurch begründen, dass ein Sonnenjahr immer zwölf ganze Lunationen enthält. Diese Tatsache mag aber auch nur ein seltsamer Zufall sein und die diesbezügliche Begründung somit eine „nachgereichte" Erklärung. Denn diese zwölf von Jahr zu Jahr fluktuierenden Lunationen können eigentlich allein keine fixe 12-Teilung des fixen Sonnenjahres begründen, da allzu rasch geschaltet werden muss: z.B. mit einem ganzen (synodischen) Monat in jedem 4. Jahr und zusätzlich mit zwei Monaten nach etwa 40

---

[21] Dies betrifft auch kleinere Zeitabschnitte und andere Messgrössen: Die gute Teilbarkeit der Zwölf dürfte ja auch der Grund gewesen sein, dass sie als Masszahl für die Einteilung des Tages und anderer Grössen (Längenmasse, Gewichte) Verwendung fand.

Jahren. Die kalendarische Relation 12:1 kann auf zweierlei Weise zustande kommen: nämlich als Verhältnis zwischen „Mondjahr" und synodischem Monat im islamischen Kalender oder als Verhältnis zwischen Sonnenjahr und kalendarischem Monat, wie es sich in der abendländischen Tradition durchgesetzt hat. Die Verhältniszahl 12,36 bezeichnet hingegen nur die letztlich inkommensurable Beziehung zwischen dem gewöhnlichen Sonnenjahr und dem synodischen Mondmonat. Wohl dürften beide Relationen in die chronologische Komputistik eingeflossen sein, die Schwierigkeit besteht aber heute darin, rückblickend die Wege und Irrwege der chronologischen Transformationen zu erkennen und zu verfolgen.

Es sei hier noch auf einen weiteren Zusammenhang hingewiesen, der in der antiken Komputistik und Kalendermathematik vielleicht eine wichtigere Rolle spielte, als uns heute bewusst ist: nämlich das Verhältnis zwischen synodischem und siderischem Monat. Während ja der synodische Monat (29,53 Tage) die Zeitdauer von einer bestimmten Mondphase bis zu ihrer Wiederkehr bemisst, beinhaltet der siderische Monat (27,32 Tage) die Zeitspanne, bis der Mond - ungeachtet seiner Gestalt - wieder vor dem gleichen Sternbild erscheint, vor dem er schon einen (siderischen) Monat zuvor stand. Zwar kann nicht bestritten werden, dass durch die einfache, auf keinerlei Instrumente und Observatorien angewiesene Beobachtung der Mondphasen ein sehr einfacher und für kurzfristige Planung (z.B. Reisen) hinreichend zuverlässiger Kalender konstruiert werden kann. Nun sind aber nicht nur der Mond und seine Phasenwechsel ein bewunderns- und beobachtenswertes Himmelsphänomen, sondern ebenso die sternenklare Nacht mit ihrem scheinbar ewig unveränderlichen „Kristallhimmel". Das Zyklisch-Wechselhafte vor dem Ewig-Gleichen! Tabelle 12 gibt eine Übersicht über die verschiedenen Verhältnisse zwischen einem „Jahr" und einem „Monat".

	Tage	Sonnenjahr (bürgerlich)	Mondjahr (synodisch)	Mondjahr (einfach)	Mondjahr (siderisch)
	Tage	365	354.36	354	355.16
Synodischer Mondmonat	29.53	12.36	12	11.99	12.03
Mittlerer Mondmonat	29.5	12.37	12.1	12	12.04
Siderischer Mondmonat	27.32	13.36	12.97	12.96	13

Tabelle 12: Verschiedene „Jahre" und „Monate" im Verhältnis zueinander.

Man wird wohl schon sehr früh gemerkt haben, dass die jeweiligen Mondphasen nicht immer vor demselben Sternbild stehen; mit jedem Monatswechsel erhöht sich die Abweichung ja auch um beträchtliche 2,21 Tage. Diese 2,21 Tage verhalten sich zu den 27,32 Tagen des siderischen Monats wie die 29,53 Tage des synodischen Monats zu einem Gemeinjahr von 365 Tagen (d.h. das Verhältnis beträgt jeweils 12,36). In einem Mondjahr entsprechen 12 synodische Monate ziemlich genau 13 siderischen. Wer also den Mond zwecks Einrichtung eines Kalenders genauer beobachtet, kommt fast automatisch dazu, auch den Gang der Sterne zu verfolgen. Man wird etwa feststellen, dass der Mond zu gewissen Zeiten bestimmte auffällige Sterne nahe der Ekliptik bedeckt, und man wird allein schon daraus nützliche kalendarische Regeln ableiten können. Es ist heute schon fast Allgemeinwissen, dass die frühen Hochkulturen mit ihren gewaltigen Bauwerken, ja sogar schon die prähistorischen Kulturen mit ihren Megalithbauten und Steinkreisen grosse Astronomen in ihren Reihen hatten, die die Längen von beliebigen kalendarischen Masseinheiten mit bewundernswerter Genauigkeit bestimmen konnten. Es stellt sich aber die Frage, ob diese Auffassung nicht grösstenteils ein neuzeitlicher und romantischer Mythos ist, der einer rigorosen Überprüfung nicht standhalten würde! Stellen wir uns einmal eine einfache Frage: Wer sollte aus welchen Gründen überhaupt auf die Idee kommen, die Länge eines

Jahres zu bestimmen? Und wie könnte man dieses Ziel gegebenenfalls mit ausreichender Genauigkeit erreichen?

Zunächst eine These: das Jahr als kalendarische Masseinheit konnte sich nur in jenen Kulturen entwickeln, deren Landwirtschaft eine jahreszeitlich bedingte Zäsur kannte. In unseren Breiten ist etwa der Winter eine solche Zäsur: die Arbeit auf dem Feld muss dann ruhen: kein Säen, Pflegen oder Ernten der Feldfrüchte! Im alten Ägypten bewirkte dies die jährliche Nilflut: mit dem Einsetzen der Flut und der dadurch einhergehenden Überschwemmung der Felder wurde die Feldarbeit für eine gewisse Zeit unterbrochen. Diese Nilflut hatte eine saisonale Zuverlässigkeit wie bei uns der Wintereinbruch; man konnte sich also ziemlich gut darauf verlassen, d.h. durch dieses Naturereignis wurde das Jahr zwangsweise strukturiert bzw. die kalendarische Einheit eines Jahres wurde dadurch überhaupt erst sichtbar. Hätte es in Ägypten – wie andernorts in jenen Breiten – nur fruchtbare Oasen gegeben, in denen das ganze Jahr über geerntet werden kann (nämlich mehrmals im Jahr oder gar kontinuierlich), dann wäre das Jahr als solches schwer zu bestimmen gewesen, bzw. es hätte gar kein äusserer Anlass bestanden, es als zeitliche Masseinheit zu verwenden.

Die Zeitdauer eines Jahres ist also eigentlich nur für jene Kulturen von Bedeutung, deren Existenz von jahreszeitlichen Einflüssen abhängt. Das Jahr ist also zunächst immer das agrarische Jahr (Saat, Wachstum, Ernte), und der Jahreswechsel fällt dann sinnvollerweise in eine „tote Zeit". Als Folge dieses „Jahresbewusstseins" entwickeln sich unweigerlich ausgeprägte saisonale Traditionen, die von einer Generation zur nächsten weitergegeben werden müssen, solange sich in der Abfolge der Jahreszeiten nichts ändert: wann muss frühestens oder spätestens die Aussaat erfolgen, wie lange kann oder muss noch bis zur Ernte gewartet werden usw. Diese sesshaften und vom Ackerbau abhängigen Zivilisationen hatten den Kalender „vom richtigen Zeitpunkt" im Kopf bzw. wurden durch tradierte Zeremonien und Feste jeweils rechtzeitig daran erinnert – die Rituale wurden zur Religion.

Wie lange dauerte nun ein solches „gefühltes" Jahr? Astronomisch bedingt im langfristigen Durchschnitt natürlich 365 Tage, aber im konkreten Fall konnte es mehr oder weniger lang dauern. Auch die Pünktlichkeit der Nilflut liess manchmal zu wünschen übrig, und solange diese Flut nicht eingetreten war, brauchte man nicht an einen Jahreswechsel zu denken. Die Unterscheidung der Jahre hatte ja nur einen profanen Zweck: Das neue Jahr und damit die Hoffnung auf neue und bessere Ernten konnte erst dann beginnen, wenn die Felder vom Nil frisch gedüngt waren. Die Einheit der Zeit war allein agrarisch bedingt, weil überhaupt nur so auch das relevante landwirtschaftliche Wissen geschöpft und weitergegeben werden konnte.

Ein Jahreswechsel mitten in der landwirtschaftlichen Hochsaison, wenn alle Arbeit auf die neue Ernte hinzielte, hätte die Einheit von Arbeit und Zeit (d.h. das Bewusstsein für die jahreszeitlichen Zusammenhänge) unterbrochen; eine solche Kalenderpraxis wäre somit widersinnig, ja ganz und gar widernatürlich gewesen! So dürfte etwa die Tatsache, dass in unserem Kulturkreis der Jahresanfang auf ein astronomisch scheinbar bedeutungsloses Datum gelegt wurde, eine Erinnerung an diese ferne Zeit sein: nicht exakt zur Wintersonnenwende, sondern erst einige Tage später beginnt das neue Jahr! Früher waren das tatsächlich einige Tage „mehr oder weniger", denn der Hintergrund ist wohl dieser: In unseren nördlichen Breiten, wo die ackerbautechnisch „tote Zeit" sehr lange dauern kann, benötigte man ein zusätzliches Kriterium, um den Jahreswechsel festzulegen – es war naheliegenderweise das erfreuliche Phänomen, dass nach vielen Tagen gleichbleibender Dunkelheit die Tage allmählich wieder heller und länger wurden. In der Tat ist es so, dass etwa ab dem ersten Januardrittel die Tage wieder merklich länger werden; hingegen lässt sich in den ersten Tagen unmittelbar nach der Sonnenwende noch kaum feststellen, ob die Wende nun wirklich eingetreten ist und die Tage wieder länger werden, zumal infolge der Zeitgleichung noch einige Tage über den kürzesten Tag hinaus die Sonne immer noch etwas später aufgeht. Das neue Jahr dürfte einst in unseren Breiten durchschnittlich also etwa um den 11. Januar (nach heutigem Kalender) begrüsst und gefeiert worden sein; und vielleicht zeigte deshalb der 1. Januar des julianischen Kalenders zur Zeit der gregorianischen Kalenderreform noch immer ziemlich genau jenen Tag im Jahr an, den die Leute damals als Beginn des Jahres „empfanden".

Für uns ist hier die Erkenntnis wichtig, dass man das Konzept des Jahres schon kennen und seinen Wert schätzen konnte, bevor man überhaupt die Anzahl Tage eines solchen Jahres wusste. Und in den Anfängen hatte das landwirtschaftliche Jahr aus den oben genannten Gründen auch immer eine leicht unterschiedliche Länge, so dass eine genaue Zählung, die ja einen fixen Referenzpunkt bedingt hätte, im Prinzip gar nicht möglich war bzw. kurzfristig keine verlässlichen Resultate geliefert hätte. Doch selbst wenn man sich nur mit ungefähren Werten begnügt hätte oder ein theoretisch begabter Kopf schon damals astronomische Techniken zur Zeitbestimmung ersonnen hätte, wer hätte allen Ernstes die Zählung durchführen sollen? Was trivial erscheint – nämlich jeden Tag fortlaufend auf irgendeine Weise zu zählen (z.B. mit Strichen auf einem Blatt Papier) – ist es in Wirklichkeit nicht. Dass man mal einen Tag vergisst oder einen andern doppelt vermerkt, ist noch das kleinste Problem (das würde sich ja auch über mehrere Versuche ausgleichen) – die Schwierigkeiten stellen sich schon viel früher ein: Wer die Tage eines Jahres zählen will, muss zunächst mal überhaupt das Konzept der Zahl und des Zählens kennen, und er muss zudem das Konzept der „grossen Zahl" kennen. Gross sind alle Zahlen, die sich der Anschauung entziehen, also im Prinzip alle über 20. Man setze mal 365 Striche auf ein Blatt Papier und staune, wie viele Striche das sind! Wer nun aber keine zahlentheoretische Möglichkeit hat, diese vielen Striche zu einer Zahl zu summieren bzw. die erhaltene Summe als Zahl überhaupt zu benennen, der muss sich gar nicht erst die Mühe machen, mit dem Zählen anzufangen! Kurzum: die Bestimmung der Anzahl Tage eines Jahres ist eine umständliche, mühsame und fehlerträchtige Fleissarbeit und Rechnerei - und eigentlich unnötig, wenn man das Jahr agrartechnisch auch ohne Kenntnis dieser Zahl bewältigen kann! Im Gegenteil: Wer sich auf die theoretisch richtige Tageszahl verlässt, kann böse Überraschungen erleben, wenn der wechselhafte Lauf der Natur sich nicht daran hält. Noch bevor also der Mensch wusste oder in Erfahrung bringen konnte, wie viele Tage ein Jahr hat, konnte er wohl schon die Anzahl Monde eines „gefühlten" Jahres zählen und benennen, nämlich 12 Lunationen oder 13 Monde (Voll- oder Neumonde – je nachdem).

Die Tage eines Monats konnten gewiss schon früh in der Menschheitsgeschichte gezählt werden, wenngleich auch hier schon das Problem der „grossen Zahl" auftaucht, wenn auch viel weniger gravierend als beim Jahr (es sei hier nur an den römischen Kalender erinnert, der keine Monatszahlen grösser als 19 enthält!). Für kurz- und mittelfristige Termine ist die Zählung nach „Monden" immer die am besten geeignete oder sogar die einzig verlässliche, wenn keine anderen kalendarischen Hilfsmittel zur Verfügung stehen. Für jene Zivilisationen, die das Jahr nicht wirklich beachten mussten, weil sie dank der natürlichen Gegebenheiten kontinuierlich ernten konnten, bestand eigentlich nie ein Anlass, zwecks Bestimmung der Zeit von der Monats- auf die Jahreszählung zu wechseln – es sei denn, man kam zur Überzeugung, die sich jährlich wiederholenden, subtilen astralen Einflüsse seien für das Gedeihen und das Wohl des Menschen und seiner Umwelt noch wichtiger und prägender als alles andere: nämlich quasi das wahre (Zeit)Mass der Lebewesen. Aber wer hätte auf welche Art solche Einflüsse feststellen können? Hatten die Menschen einst einen „Sternensinn", ein Sensorium für astrale und kosmische Vorgänge? Einiges deutet darauf hin! So sind auch die speziellen Tage („Lostage") des traditionellen bäuerlichen Kalenders, an denen man bestimmte Dinge tun oder lassen sollte, rational kaum verständlich: sie können eigentlich nur so erklärt werden, dass viele Menschen einst ein untrügliches Gefühl für den „richtigen Tag", für den „richtigen

Zeitpunkt" hatten, sei dies in Bezug auf Wetterregeln, den Landbau oder die Körperpflege. Falls also unsere Vorfahren vor vielen Generationen gänzlich anders „tickten", indem sie z.b. ein fundamental anderes Wahrnehmungsvermögen hatten, dann wird es für uns natürlich auch ganz schwer, ihre Geschichte (Handlungen, Motive, Rechtfertigungen) zu verstehen. Das Problem hat unterdessen auch Eingang in die neueste neuronale Forschung gefunden: „Hatten die Menschen des Mittelalters möglicherweise bessere introspektive Fähigkeiten als wir? Konnten sie tiefer in ihren eigenen Geist schauen, waren sie empfindsamer für die funktionale Tiefenstruktur ihrer Gehirne?"[22]

Der dieser Aussage zugrundeliegende Sachverhalt besteht darin, dass dem auf Sprachverarbeitung spezialisierten Broca-Areal des menschlichen Gehirns eine Repräsentation der Hand quasi einprogrammiert ist, wodurch vermutlich Wörter wie „begreifen" entstehen konnten, die ursprünglich nur eine Handbewegung und später einen abstrakten Vorgang unseres Verstandes bezeichneten. Hieraus eine Art „Gehirnschaltung" für spezifische astrologische Fähigkeiten bei unseren Vorfahren herzuleiten, scheint zwar etwas gewagt, trotzdem müssen wir uns die Frage stellen, ob die Menschen früherer Generationen dasselbe wie wir sahen, wenn sie den bestirnten Himmel betrachteten. Sind ihnen da vielleicht aufgrund anderer Fähigkeiten zur Mustererkennung vor dem inneren Auge „echte Bilder" aufgegangen? Solange wir hier keine abschliessende Aussage machen können - was uns leider vermutlich für immer verwehrt bleiben wird - muss uns das grosse Interesse der Menschen für die Astrologie seit der Antike bis in die frühe Neuzeit ein Rätsel bleiben. Falls es diesen „Astrosinn" einst wirklich gab, dann könnte man sich vorstellen, dass er durch den wissenschaftlichen Rationalismus der Aufklärung quasi ausgetrieben wurde und in wenigen Generationen verkümmerte.

---

[22] Metzinger: Der Ego Tunnel; Berlin 2009.

Das Interesse insbesondere des antiken Menschen an der Astrologie muss enorm gewesen sein; fast niemand scheint am eminenten Einfluss der Gestirne auf das Schicksal der Menschen gezweifelt zu haben. Dann aber setzten sich ab dem 4. Jahrhundert - so Trithemius - wohl unter dem Einfluss der christlichen Lehre allmählich neue Ideen und Erkenntnisse durch; Trithemius registriert und kommentiert den damaligen Umschwung der vorherrschenden Meinung zur Astrologie: „Der Geist des Menschen ist wirklich frei und untersteht nicht dem Einfluss der Sterne, ausser wenn man allzu sehr die Neigung hat, sich im Verkehr mit dem Körper zu beflecken. Weil die Engel als die Beweger des Orbits nun nichts mehr zerstören oder unterdrücken, was die Natur selbst geschaffen oder geformt hat."

Ob die Menschen nun endlich aus ihrem Aberglauben erwacht sind, oder ob die Sterne selbst an Einfluss eingebüsst haben, geht aus Trithemius' Beschreibung dieses geistesgeschichtlich bedeutsamen Vorgangs nicht klar hervor, es scheint aber seiner Meinung nach auf letzteres hinauszulaufen, d.h. die astrologiegläubigen Menschen hätten diese Veränderung der kosmischen Kräfte einfach noch nicht bemerkt und würden deshalb noch immer der Astrologie anhängen – einer einstigen Wissenschaft, die jetzt nur noch ein Irrglauben ist. Allerdings ist hier zu bedenken, dass gerade die Jahrzehnte nach Trithemius einen ungeheuren Aufschwung der Astrologie erlebten, dass die Astrologen der Renaissance sich in nahtloser Nachfolge zu den antiken und mittelalterlichen Astrologen sahen und dass die römische Kirche durch das ganze Mittelalter hindurch die Astrologie nie als ketzerisch verdammt hat. Insofern muss man sich fragen, unter welcher Voraussetzung Trithemius behaupten konnte, dass sich diesbezüglich im 4. Jahrhundert eine dramatische Veränderung vollzog. Mysteriös mutet auch der Hinweis auf jene an, denen die Befreiung vom astrologischen Einfluss noch nicht recht gelingen mag: der Grund dafür ist offensichtlich sexueller Natur, und es darf sich jeder Leser selbst ausmalen, was mit der Andeutung „sich im Verkehr mit dem Körper zu beflecken" gemeint sein könnte… Der Gedanke an eine Art „astrologische Sexualmagie" liegt hier natürlich nahe: weil die natürliche astrologische Imagination im Lauf der Generationen allmählich versiegte (so die Hypothese), versuchte man sie mit magischer Praxis – und die Sexualmagie gilt seit je als eine der stärksten Formen von Magie – zu evozieren.

Das Thema Astrologie bringt uns zwangsläufig zu den Indern, dem vermutlich noch heute astrologiegläubigsten Volk auf der Welt und im Rahmen des hinduistischen Tantra mitunter auch der Sexualmagie zugetan. Der Einfluss der indischen Kultur auf die klassische antike Welt (Griechen, Perser, Römer) kann noch immer kaum abgeschätzt werden. Ihr Einfluss auf das frühe Christentum ist umstritten, aber zumindest den Arabern scheinen sie in vielerlei Hinsicht Lehrmeister gewesen zu sein. Merkwürdigerweise gibt es nun eine Jahreszählung nach islamischer Art (also in Mondjahren) ab Imperium des Julius Cäsar, die sogenannte indische Ära (IND). Calvisius führt diese Ära im Jahr 1134 mit der Jahreszahl 1215 ein (1134 CHR = 1215 IND). Der Zweck einer solchen Ära ist schwer zu verstehen, denn die Mondjahre sind ja überhaupt erst ab Mohammed bzw. Omar denkbar, und ein historischer Bezug zwischen dem römischen Kaiser und der islamischen Kultur mutet völlig abwegig an. Was nun aber, wenn diese indische Ära eine Zählweise nach Monaten anstatt Jahren impliziert? Eine Zeitrechnung also, die weniger annalistisch (d.h. in Jahreschroniken), sondern hauptsächlich zwecks Rückdatierung angewandt wurde (v.a. unter Verwendung von Finsternisdaten). Die 1215 angeblichen „indischen Jahre" im Jahr 1134 CHR wären dann als Monate aufzufassen, womit ihre wahre Epoche etwa 101 Jahre früher in ein Jahr 1033 zu liegen käme. Dies ist ein interessantes Jahr, vor allem in der Synoche 1033 SPA = 711 DIO. Im Jahr 711 beginnt nämlich die „arabische Zeitrechnung" in Südspanien mit dem Sieg der Araber über die Westgoten in der Schlacht von Xerex de la Frontera. Und ebenso rätselhaft wie die indische ist natürlich die spanische Ära, aber die Synoche 1

SPA = 710 NAB könnte in denselben arabisch-spanischen Ereigniskontext zeigen.

Zählten die Araber damals noch die Jahre ab Diocletian bzw. Nabonassar? Und waren diese Jahre etwa auch nur Monate? Wenn wir 711 Monate durch 12 dividieren, so gelangen wir zur Jahreszahl 59, woraus sich wieder eine interessante Beziehung herstellen lässt: 59 VIC1 = 86 CHR = 134 IND. Wenn wir nun die Differenz von 89 Jahren zwischen der islamischen Epoche (622) und dem Jahr der erstmaligen Eroberung Südspaniens durch die Araber (711) als islamische Mondjahre auffassen, denn wären dies umgerechnet etwa 86 christliche Sonnenjahre. Es wäre dann erkennbar, wie das „zweite Eroberungsjahr" 1086 konstruiert worden sein könnte – nämlich ebenso wie die seltsame indische Epoche: durch Addition von 1000 Jahren!

Erwähnenswert in diesem Zusammenhang ist sodann die Tatsache, dass die Araber im Jahr 1086 Südspanien „wiederum" erobern konnten. Man wäre also in einem „Jahr 711", das aber eigentlich als „Monat 711" aufzufassen wäre, in einem Jahr 86 der christlichen und in einem Jahr 134 der indischen Ära gewesen, deren Zählung merkwürdigerweise auf Julius Cäsar zurückgeht. Wie ist das zu verstehen? Vielleicht durch die Synoche 134 EXI = 711 JUL, die darüber hinaus auch noch ins Jahr 666 CHR zeigt, womit vielleicht der christliche Schrecken vor dieser Zahl erklärbar ist. Die genannte Synoche würde aber vor allem eines zeigen: dass diese mysteriöse indische Ära in Wahrheit auch christlich ist, nämlich auf der durch Dionysius Exiguus begründeten christlichen Epoche basierend und in die Zeit des grossen byzantinischen Kaisers und Gesetzgebers Justinian zeigend. Der weströmische „Julius Cäsar" dürfte somit nur ein Zerrbild des oströmischen Kaiseroriginals Justinian sein. Cäsars Kämpfe gegen die „Gallier" hätten somit auf dem Balkan stattgefunden. Aus dieser geografischen Perspektive könnten dann auch die von Trithemius genannten „West-Gallier" in Sachsen erklärt werden.

Vielleicht haben Omars Berater und Astronomen festgestellt, dass Mohammed zur Zeit der Hedschra genau 622 Monate alt war. Wenn man realistischerweise annimmt, dass Omars astronomische Berater vermutlich Inder waren (laut Albiruni[23] waren die Inder die astrologischen Lehrmeister der damals völlig ungebildeten Araber), dann ist wohl auch die Synoche 622 IND = 1 VIC2 kein blosser Zufall mehr, sondern vielmehr ein Indiz dafür, dass auch der Victorius-Zyklus ursprünglich nur auf Monaten basierte. Die Zahlenfolge „532" könnte etwa nur die verkehrt herum gelesene „235" für die Anzahl Monate des metonischen Zyklus sein. So würden dann 532 „Jahre" dieses Zyklus nur noch 532 Monate dauern oder 441/3 Jahre. Und dies würde wiederum zur Synoche 1 CHR = 45 IMP passen. Mit anderen Worten: diese 532 Jahre, die seit Dionysius Exiguus so konstituierend für die christliche Zeitrechnung wurden, könnten ursprünglich 532 oder auch nur 235 Monate gemeint haben, die zwischen der Inthronisierung des vergöttlichten Kaisers und der Geburt des Sohnes Gottes verstrichen – vielleicht nicht wirklich, aber zumindest in scharfer komputistischer Rückrechnung oder genauer: Rückwärtsrechnung! Denn besagter Kaiser und besagter Gottessohn könnten in Wirklichkeit ein und dieselbe Person sein: nämlich Justinian, der bei seiner Inthronisierung im Jahr 527 gerade etwa 45 Jahre alt war…

Die Reduktion der Chronologie um den Faktor 12 betrifft somit wohl nicht nur die arabischen Stämme (und damit aufgrund ihrer abrahamitischen Abstammung auch grosse Teile des Alten Testaments), sondern wahrscheinlich auch die vor- und nachchristlichen Römer. Die Datierung der älteren römischen Geschichte wird in erster Linie gemäss den überlieferten Konsularlisten vorgenommen: jeweils zwei Konsule stehen für ein Jahr bzw. geben ihm quasi den Namen. Die römischen Konsuln wurden aber einst nicht nur jährlich,

---

[23] Sachau (Hrsg.): Albiruni: The chronology of ancient nations; London 1879.

sondern monatlich gewählt, da die Funktion des Konsuls ursprünglich an die monatlichen öffentlichen Gerichtstermine (*Fasti*) gebunden war. Diese monatlichen Listen sind aber angeblich nicht mehr vorhanden, sondern nur noch die Jahreslisten in Form der 1546 in Rom gefundenen *Fasti Capitolini*; sie bilden bis heute ein zentrales Gerüst der traditionellen römischen Chronologie. Sie sind scheinbar der unwiderlegbare Beweis für 500 Jahre römischer Stadtgeschichte in vorchristlicher Zeit. Aber so alt dieses in Marmor gehauene Zeugnis auch sein mag, so ist es doch keine authentische Quelle. Die Tafeln mit der Auflistung der Konsuln aus der Zeit der Väter und Vorväter wurde von Kaiser Augustus gegen Ende seiner Regierung in Auftrag gegeben, d.h. um 13 n.CHR.

Die chronologische Konzeption dieser Konsularliste stammt also aus der Zeit des Augustus und nicht aus der Zeit seiner Vorfahren. Falls damals die noch vorhandenen Listen einigermassen vollständig waren, dann müssten es eigentlich Monatslisten gewesen sein. Was wir in den *Fasti* erblicken, ist also möglicherweise eine Monatschronik, die man fälschlicherweise als Jahreschronik auffasste. Die Vorstellung aber, wie alt Rom denn überhaupt sei, war damals gerade mal zwei Generationen alt: Ein gewisser Varro versuchte sich im Auftrag Cäsars in der Ergründung der Ursprünge der ewigen Stadt und kam auf jenes Resultat, das noch heute als Geburtsjahr Roms angesehen wird. Julius Cäsar ging in vielfacher Hinsicht in die Geschichte ein: als grosser Heerführer und Eroberer, als Staatsmann und Reformer, und so erscheint die seinen Namen tragende Kalenderreform als eine der grössten und geschichtlich weitreichendsten Taten überhaupt. Trithemius erwähnt sie aber nicht, ja er erwähnt Julius Cäsar auch nur quasi beiläufig als Usurpator – also keineswegs als Lichtgestalt, sondern eher als üblen Burschen!

Gegen die Vorstellung eines tausendjährigen Reiches der Römer lässt sich nun ein Zeuge aufführen, der aufgrund seiner christlichen Perspektive und seiner scheinbar „falschen Auffassung" von den romstrammen Historikern gerne ignoriert wird: Orosius, dessen um 417 CHR im Auftrag von Kirchenvater Augustinus verfasstes Werk „wider die Heiden" an unscheinbarer Stelle eine verräterische Formulierung enthält:[24] Er nennt dort Ereignisse aus dem Jahr 430 „vor Gründung der Stadt", nämlich den Raub der Helena und die anschliessenden Verwicklungen, so etwa die zehn Jahre dauernden Bürgerkriege, für die er Homer als Quelle angibt.

Und dann bemüht er in anachronistischer Weise Zeit- und Augenzeugen: „Mögen doch die, welche die Länge jener Belagerung sowie die Schrecklichkeit, den Mord und die Knechtschaft anlässlich der Zerstörung kennengelernt haben, erwägen, ob sie mit Recht am Zustand der Gegenwart, wie er auch ist, Anstoss nehmen." Diese Textstelle lässt eigentlich nur den Schluss zu, dass Orosius in der Gegenwartsform zu Zeitgenossen spricht, die er als Augenzeugen von Ereignissen, die gemäss offizieller geschichtlicher Doktrin mehr als 1500 Jahre zurückliegen, in den Zeugenstand bittet: Die wohl schon etwas älteren Zeitgenossen nämlich, welche sich anschicken, die politische Situation in Orosius' Gegenwart (also nach 400 CHR) zu kritisieren, sollen sich doch bitte – so Orosius - an jene Zeit des Bürgerkriegs (400 v.URB!) erinnern, die sie doch noch selbst erlebten... und dann erst ein Urteil fällen!

Man müsste hier also mit einer Zeitspanne von über 1500 Jahren rechnen, die auch durch eine Reduktion um den Faktor 12 immer noch zu lang wäre, um eine Zeitzeugenschaft vom Anfang bis zum Ende als möglich erscheinen zu lassen. Und es wird ja wohl auch nicht nach der Meinung seniler Greise gefragt, sondern Orosius wünscht sich das politische Urteil erfahrener Leute, die Ereignisse von damals und der Gegenwart angemessen vergleichen und würdigen können. Aus der Perspektive heutiger Lebenserwartung dürften hier nicht viel mehr als 60 Jahre dazwischen liegen. Orosius vertraut demnach auf die Urteilskraft jener Leute, die damals den Bürgerkrieg noch als junge Erwachsene erlebten, und die

---

[24] Paulus Orosius: Die antike Weltgeschichte in christlicher Sicht; Zürich 1985.

nunmehr - einige Lebensjahrzehnte später - als Älteste den Nachgeborenen nicht selten unerwünschte politische Ratschläge erteilen. Nun bietet auch die offizielle Geschichtsschreibung eine Jahreszahl für die Gründung Roms an, welche Orosius' gerontokratisch anmutende Chronologie in einem neuen, vernünftigen Licht erscheinen lässt: Die Gründung (Neu-)Roms im Jahr 330 CHR! Nennen wir diese Epoche CON (*ab Constantinopolim condita*), dann könnte sich für Orosius die Rechnung wie folgt präsentiert haben:

430 v.CON: Bürgerkrieg
87 CON: Orosius schreibt sein Geschichtswerk

Dies ergäbe eine Zeitspanne von 517 Jahren, die natürlich immer noch zu lang wäre. Mit dem Faktor 12 gekürzt werden daraus aber nur noch ca. 43 Jahre, also etwa jene Zeitspanne, die die Lebenserfahrung von jungen Erwachsenen und Pensionären trennt. Man sollte vielleicht einmal den Orosius und ähnliche Geschichtswerke konsequent so lesen, dass man die genannten Jahre als Monate interpretiert. Dann würden auch die in der Antike oft vorkommenden mehrjährigen Bürgerkriege und Feldzüge (unterjährige Kriege scheint es aus Prinzip nicht zu geben!) noch knapp ein Jahr dauern, was politisch und militärisch, strategisch und logistisch plötzlich sehr viel Sinn ergäbe. Es könnten genau solche Textstellen auch ein Grund gewesen sein, dass Trithemius (oder seine Informanten) den Verdacht hegten oder gar zur Überzeugung gelangten, dass die gängige Chronologie zumindest der älteren Geschichte nicht stimmen kann – und dass eine Lösung, diese Chronologie auf eine vernünftiges Mass zu stutzen, darin bestehen könnte, dass man die angeblichen Jahre als Monate rechnet – und, so wäre anzufügen, dass die Formulierung „ab urbe" zumeist auf jene Stadt zielte, die dem jeweiligen Autor oder dem behandelten Kontext am nächsten lag (geografisch, kulturell oder politisch), und das musste nicht zwingend jenes Rom sein, das wir heute in Form der italienischen Hauptstadt kennen.

Die Historiker glauben zu wissen, dass die alten Römer einst einen Mondkalender kannten, und dass spätestens mit Julius Cäsar bzw. mit Augustus der sogenannte julianische Kalender etabliert wurde, der eine Jahreszählung nach ägyptischem Vorbild beinhaltete. Doch ist nur schon strittig, wie denn der alte römische Mondkalender eine saubere Zählung nach Sonnenjahren ermöglicht hätte. Unmittelbar vor Cäsars/Augustus' Reformbemühungen muss das kalendarische Chaos komplett gewesen sein – etwa so ähnlich wie vor Omars Kalenderreform! Die Frage, wer wann welche Kalenderreform mit Berufung auf wessen vorgängige Reform durchgeführt hat, beschäftigt die chronologiekritische Diskussion bis heute.

Trithemius deutet auch eine Kalenderreform an, wenn er für sein eigenes Zeitalter feststellt, dass das Zeichen „Y" (also wohl das Sternzeichen Widder bzw. der darin befindliche Frühlingspunkt) zwecks Abwendung eines drohenden (astrologischen?) Unheils „wiederum reduziert" werden müsste. Es könnte hier von der Notwendigkeit einer (neuerlichen) das Äquinoktium betreffenden Kalenderreform die Rede sein. Die dafür notwendige Operation einer „Reduzierung" erinnert natürlich an die gregorianische Kalenderreform des Jahres 1582, bei der das nominelle Äquinoktium durch Auslassung von 10 Tagen auf das wahre Äquinoktium „reduziert" wurde: auf den 4. Oktober 1582 folgte kraft Verordnung direkt der 15. Oktober 1582, womit dieser Tag die Epoche der gregorianischen Kalenderreform markiert. Die Anordnung der Tierkreiszeichen ist definitionsgemäss derart, dass zur Frühlingstagundnachtgleiche (aequinoctium vernum) die Sonne erstmals im Zeichen Widder aufgeht. Vor der gregorianischen Kalenderreform fiel dieses Ereignis („wahres Äquinoktium") auf den 11. März; aus bestimmten Gründen, welche angeblich die Osterliturgie betreffen, wollte die römische Kirche diesen Termin auf den 21. März (XII. Kal. Aprilis) fixieren („nominelles Äquinoktium"), also auf jenen Termin, der angeblich zur Zeit des Konzils von Nicäa (325) für das Frühlingsäquinoktium galt.

Im Frühling steht der Vollmond in den „Herbststernbildern", also z.B. im April in der Jungfrau mit dem hellen Stern Spica. Dieser Stern ist einer der wenigen hellen Sterne in der Nähe der Ekliptik und somit einer der wenigen dieser Grösse, die in der Nacht vom Mond bedeckt sein können (und sehr selten sogar von einem Planeten). Der Name des Sterns – „Kornähre" – dürfte auch kein Zufall sein, da er sich vermutlich aus der bäuerlichen Kalenderpraxis herleitet: der Stern dürfte einst jene Jahreszeit bzw. Vegetationsphase angezeigt haben, in der das Getreide seine Ähren ausbildet. Passenderweise erscheint Spica etwa Mitte April abends in der ersten Dämmerung am östlichen Horizont bzw. erlischt kurz vor Sonnenaufgang am westlichen Horizont. Das horizontnahe (und damit gut visierbare) Aufscheinen und Erlöschen Spicas in der Dämmerung war also ein geeigneter Indikator, um den Reifegrad der Feldfrüchte abschätzen zu können. Es lässt sich hieraus eine Hypothese formulieren: Die Sterne und „Sternbilder" auf der Ekliptik wurden ursprünglich nach dem Jahresmond benannt, und aus den 12 Lunationen ergaben sich demzufolge die 12 Sternzeichen des Zodiaks – die „Häuser" des Monds. Es muss wohl schon bald das Bedürfnis entstanden sein, die verschiedenen „Monde" im Lauf des Jahres zu benennen, und man nannte sie kaum „erster Mond", „zweiter Mond" etc., sondern gab ihnen Namen aus dem alltäglichen bäuerlichen Leben, also zum Beispiel „Widder-Mond" für den ersten Mond des Frühlings usw.; um welchen Mond es sich jeweils handelte, konnte am Mond selbst nicht abgelesen werden, hingegen an den Sternen, die er zu bestimmten Zeiten bedeckte.

Es ist anzunehmen, dass auch die gregorianische Kalenderreform einen astrologischen Hintergrund hatte. Ein grosser Irrtum ist etwa die grundlose, aber selbst in Fachkreisen weitverbreitete Annahme, dass diese Kalenderreform die erste im Westen seit mehr als 1000 Jahren gewesen sei - nämlich gewiss die erste seit dem Konzil von Nicäa (325) und vielleicht sogar die erste seit Julius Cäsar. Sie war zwar vom Umfang und von den Auswirkungen her die wirkungsmächtigste

Kalenderreform seit langem, doch tatsächlich wurden in den Jahrhunderten und Jahrzehnten vor 1582 die Kalender immer wieder und eigentlich laufend revidiert, wenn auch nur in kleinerem Stil und oft auch nur mit lokaler Reichweite. Die Gründe für diese fortwährenden „Verbesserungen" waren vermutlich den prognostischen Kriterien der Astrologie geschuldet: die Lage des Zodiaks musste in den Almanachen korrekt dargestellt sein, da sonst fatale Fehldeutungen drohten. Grotefend gibt eine Übersicht der Daten (Tabelle 13), an denen die Sonne in das jeweilige Zeichen tritt, und zwar nach „älterer, mittlerer und Gregorianischer Annahme".[25]

Man sieht aus Tabelle 13, dass die gregorianische Kalenderreform gegenüber den gerade im Umlauf befindlichen Kalendern den Beginn eines Zeichens fast durchwegs (ausgenommen Mai) um zehn Tage nach hinten verschoben hat. Doch diese Kalender des 16. Jahrhunderts waren auch schon „verbesserte" Kalender, die gegenüber älteren Ausgaben um einige Tage vorgingen. Im Laufe des 15. Jahrhunderts scheint es zu einer grösseren Kalenderreform gekommen zu sein, die zu einer Zäsur bei der Bestimmung der Tierkreiszeichen führte. Im Schnitt verschoben sich die Zeichen um 5 bis 6 Tage vom 17./18. zum 12./13. eines Monats. Die gregorianische Korrektur betrug demgegenüber durchschnittlich knapp 10 Tage in die andere Richtung.

---

[25] Grotefend: Zeitrechnung des deutschen Mittelalters und der Neuzeit; Hannover 1891. Bei den vorgregorianischen Daten handelt es sich um Mittelwerte, da laut Grotefend in den jeweiligen Kalendern „verschiedene Abweichungen" vorzufinden sind.

Zeichen	Kalender des 11. bis 15. Jhs.	Verbesserte Kalender (15. / 16. Jh.)	Gregorianischer Kalender
Wassermann	18. Januar	11. Januar	21. Januar
Fische	16. Februar	10. Februar	20. Februar
Widder	18. März	11. März	21. März
Stier	17. April	11. April	21. April
Zwillinge	18. Mai	12. Mai	21. Mai
Krebs	17. Juni	12. Juni	22. Juni
Löwe	18. Juli	13. Juli	23. Juli
Jungfrau	18. August	13. August	23. August
Waage	17. September	13. September	23. September
Skorpion	18. Oktober	13. Oktober	23. Oktober
Schütze	17. November	12. November	22. November
Steinbock	18. Dezember	12. Dezember	22. Dezember

Tabelle 13: Lage der Zodiakgrenzen im Lauf derJahrhunderte (nach Grotefend).

Die vorgregorianischen Reformen hatten offensichtlich den Zweck, die Lage des Zodiaks immer auf den neuesten Stand zu bringen, was aufgrund der bekannten Differenz zwischen julianischem und tropischem Jahr dazu führte, dass die Eintrittspunkte der Sonne in die Sternzeichen kalendarisch immer früher anzusetzen waren. So wanderte der Frühlingspunkt vom ehemals 21. März in Richtung Anfang März und war inzwischen beim 11. März angelangt; einzelne Kalendarien hatten gar schon den 10. März vermerkt. Die gregorianische Reform hingegen wollte diese schleichende Erosion der Daten erstens rückgängig machen (um angeblich die Osterregel von Nicäa wieder herzustellen) und zweitens durch geeignete Massnahmen dafür sorgen, dass sie in den nächsten Jahrtausenden nicht wieder passieren würde. Nun erkennt man leicht, dass die beiden Verschiebungen (Nachvollzug der zodiakalen Verschiebung einerseits und Rückstellung auf die nicäischen Termine anderseits) je einer unterschiedlichen Änderungsrate unterworfen sind. Die 10-tägige Korrektur der gregorianischen Reform betrifft ja angeblich einen Zeitraum von gut 1250 Jahren (nämlich von 325 bis ca. 1580, als die Reform vorbereitet wurde), während die gegenläufige Verschiebung von ca. 51/2 Tagen in höchstens 300 Jahren aufgelaufen sein dürfte (ca. 1250 bis 1550). Im ersten Fall haben wir einen Fehler von einem Tag in 125 Jahren, im zweiten Fall ist es ein Tag in vielleicht gerade mal 50 Jahren. Der zweite Fall beruht auf Beobachtung und dem realen Geschäft der astrologischen Praxis; er zeichnet sich also durch eine gewisse empirische Härte aus!

Wir erinnern uns jetzt auch wieder an die Aussage von Trithemius, dass das Zeichen „Y" bzw. der Frühlingspunkt „wiederum reduziert" werden sollte. Das umschreibt nun ziemlich genau die Kalenderpraxis seiner Zeit, wie uns die Tabelle von Grotefend lehrt. Die 1250 Jahre zwischen dem Konzil von Nicäa und der gregorianischen Kalenderreform hingegen entspringen den spekulativen Rückrechnungen der Chronologen und Kirchenhistoriker seit etwa 1600. Nimmt man die empirischen Daten als die eher richtigen an, dann würde die 10-tägige Korrektur der gregorianischen Reform nur gerade den Zustand von vor vielleicht 500 Jahren wieder herstellen. Das berühmte Konzil von Nicäa käme dann ins 11. Jahrhundert zu liegen! Die Differenz von ca. 750 Jahren zur offiziellen Datierung erinnert natürlich an die Differenz zwischen den Epochen NAB/URB und CHR. Die Aufdeckung des wahren Sachverhalts ist nicht zuletzt deshalb schwierig, weil die überlieferten Dokumente zur gregorianischen Kalenderreform (insbesondere die Bulle *Inter Gravissimas*) nicht authentisch sein dürften, sondern im Sinne der gewünschten und unterdessen an den Lehrstühlen gelehrten „historischen Wahrheit" nachfrisiert wurden. So steht in einer etwas älteren Kurzbiografie zu Papst Gregor XIII folgender Abschnitt zur Kalenderreform: „Einen sehr wichtigen Dienst leistete er der ganzen Welt durch die Verbesserung des Calenders, welcher daher der Gregorianische heisst. Da seit Julius Cäsar jedes Jahr 11 Minuten zu viel gerechnet wurden, so machte dieses bis auf die Zeiten des Papstes Gregorius XIII schon 9 Tage. Dieser Pabst liess diese 9 Tage im Jahre 1582 hinweg, und verordnete, dass alle 400 Jahre 3 Schalttage unterbleiben sollten, welches auch bisher in den Jahren 1600, 1700 und 1800 geschehen ist."[26] Dieser bemerkenswerte Text enthält in wenigen Sätzen so viele sachliche Fehler, dass man kaum mehr an ein Versehen glauben kann, zumal diese „Fehler" in ihrer Kombination ein durchaus schlüssiges Bild ergeben:

- Mit der Kalenderkorrektion wurden nur 9 Tage gestrichen (anstatt 10 Tage).
- Der Fehler von 9 Tagen ist seit der Zeit von Julius Cäsar aufgelaufen (anstatt 10 Tage seit dem Konzil von Nicäa).
- Die spezielle Schaltregel (Ausfall von 3 Schalttagen in 400 Jahren) betraf schon das Jahr 1600 (offiziell jedoch war 1600 ein Schaltjahr).

Auch wenn man davon ausgeht, dass die genannten Zahlen (jährliche Abweichung von 11 Minuten; aufgelaufene Summe von 9 Tagen) nur Näherungswerte sind, dann kommt man mit der sich daraus ergebenden Zeitspanne (ca. 1180 Jahre) niemals in die Zeit Julius Cäsars zurück, ja noch nicht einmal in die Zeit des Konzils von Nicäa, sondern nur etwa ins Jahr 400 CHR. Fast noch bemerkenswerter ist die Aussage, im Jahr 1600 sei erstmals nach der neuen Schaltregel ein Schaltjahr ausgefallen. Die Geschichtsschreibung sieht hingegen das Jahr 1600 noch als Schaltjahr und erst die Jahre 1700, 1800 und 1900 als ungeschaltet nach der gregorianischen Regel.

---

[26] Anonym: Chronologische Reihenfolge der Römischen Päbste; Würzburg 1828.

Der Witz ist nun, dass aus der Sicht des späten 17. Jahrhunderts, als die Notwendigkeit einer (neuen) Kalenderreform wiederum diskutiert wurde, wobei natürlich auch auf die gregorianische Reform Bezug genommen wurde, beide Vorgehensweisen vom Effekt her identisch gewesen wären: Ein Kalendersprung von 10 Tagen mit einem Schaltjahr anno 1600 (offizielle Version) wie auch ein Sprung von nur 9 Tagen ohne Schaltjahr anno 1600 („Würzburger Variante") ergeben letztlich für das 17. Jahrhundert eine Differenz von 10 Tagen zwischen julianischer und gregorianischer Rechnung. Für die Nachgeborenen sind beide Methoden vom Resultat her gleichwertig; der entscheidende Unterschied besteht in der Bestimmung der Zeitspanne, die zur jeweiligen Differenz führte. Und hier steht jeder Tag Unterschied für mehr als 100 Jahre (fehlender oder falscher) Geschichte. Es kann somit nicht ernsthaft bestritten werden, dass es nicht lange vor der gregorianischen Reform immer wieder Kalenderreformen gegeben haben muss bzw. dass die verwendeten Kalender gänzlich fehlerhaft, lokal verankert und zeitlich beschränkt waren. Die Schrift zur Kalenderreform von Cusanus anlässlich des Basler Konzils legt ein beredtes Zeugnis über die Hintergründe und die Dringlichkeit der damals geplanten oder diskutierten Reformen ab.[27] Und ein im 18. Jahrhundert weit verbreitetes Kirchenlexikon nennt die gregorianische Reform als die letzte Kalenderreform „nach mehreren anderen Reformen".[28]

Fast ganz am Schluss riskiert Trithemius eine Prophezeiung: „Im Jahr der Christen 1525 nämlich werden die Kreuze, die man schon vor zehn Jahren in den Kleidern der Leute gesehen hat, ihre Wirkung zeigen." Interessant ist hier der Hinweis, dass seit nunmehr zehn Jahren, also aus seiner Sicht seit etwa 1498, diese unsäglichen Kreuze auf den Kleidern erscheinen. Wir erinnern uns ja, wann dies letztmals

---

[27] Däppen: Die vergessene Kalenderreform des Nikolaus von Kues; Norderstedt 2006.
[28] Macri: Hierolexicon; Venedig 1788.

der Fall war, denn Trithemius hat ausdrücklich das Jahr genannt: 774. Ob sich hinter diesen Jahreszahlen ein verklausulierter chronologischer Hinweis versteckt? Bevor wir uns an einer schlüssigen chronologischen Einordnung versuchen, müssen wir der Frage nachgehen, ob es in den Jahren um 1500 überhaupt je eine derartige Kreuzerscheinung gab.

Hierzu gibt es in der Tat eine Urkunde in Form einer schriftlichen Hinterlassenschaft eines Handwerkers namens Locher, die dieser im Turmknopf der Stiftskirche zu Sankt Verena in Zurzach zuhanden der Nachwelt versteckte: „Hab ich (...) vch Hernachkomenden nit wellen verhalten was by vnsern Tagen der heiligen sant Verena Er bewisen sige im nechsten Jar darvor (...) als die jamerlichen Crutz gefallen sind ...". Der Zeitzeuge beschreibt dann einen „Krutzgang" von vielleicht 12'000 Personen aus sieben umliegenden Städten zu Ehren der heiligen Verena. Dieses Dokument wird ins Jahr 1504 datiert, der „Kreuzgang" bzw. die Prozession selbst muss demnach 1503 stattgefunden haben. Dazu gibt es auch noch ein quasi offizielles Protokoll, das allerdings nur noch als Kopie aus dem 17. Jahrhundert überliefert ist: Darin wird diese denkwürdige Prozession ausführlich beschrieben und auch explizit die Jahreszahl „1503" genannt; u.a. ist dort von den „schweren Leüff allenthalben an der Welt, besunder die Creütz" die Rede. Ob die Datierung des (originalen) ersten Dokuments nur indirekt über das zweite Dokument erfolgte (das nur als spätere Abschrift vorhanden ist), geht aus dieser Quelle leider nicht hervor.[29] In Haffners Chronik[30] wird das Erscheinen dieser Kreuze ins Jahr 1501 datiert: „In disem Jahr hat sich in gantz Teutschland ein unerhört Ding / namblich rothe gar blutige Creutz in den Kleyderen / auch denen so in Trögen verschlossen / mit gröster Verwunderung sehen lassen / so ein gewisser Vorbott der hernach gefolgten Religions

---

[29] Reinle: Die heilige Verena von Zurzach; Basel 1948.
[30] Haffner: Kleiner Solothurnischer Schaw-Platz historischer Welt-Geschichten; Solothurn 1666.

Enderung gewesen." Haffners erfrischend unkomplizierter Umgang mit seinen Quellen lässt uns aber noch tiefer in die Vergangenheit blicken. Für das Jahr 958 meldet er ein ähnliches Ereignis: „Fielen kleine Creutzlein vom Himmel herunder / und wurden alle die jenigen / so dise Creutzlein berühret / bald hernach mit dem Ausssatz behafftet. Dahero vor allen Stätten die noch befindliche Lazaret oder Siechenhäuser erbawet worden."

Man fragt sich natürlich, wie oft der liebe Gott böse Kreuze vom Himmel regnen lässt, um den Menschen den Aussatz und andere Übel zu bringen. Oder handelt es sich hier um denselben Ereigniskontext, und Haffner hat ihn in seiner chronologischen Einfalt um Jahrhunderte auseinander gerissen? Folgende Synochen geben zu denken:

774 DIO   = 499 VIC2
958 MOH   = 460 VIC3
958 APR   = 498 VIC3

Wir erkennen hier einige der in unseren Quellen genannten Daten für das Erscheinen der geheimnisvollen Kreuze. Das kann ein merkwürdiger Zufall sein, der durch mühselige komputistische Rekonstruktion quasi erzwungen wurde – oder aber wir sollten etwas genauer hinschauen: Auf der linken Seite der Synochen finden wir Epochen, die im weitesten Sinne anti-christlich bzw. pro-islamisch sind (Diocletian als Christenverfolger, Mohammed als Antichrist schlechthin, die altpersische Epoche als Fanal der Niederlage gegen den Islam); auf der rechten Seite sehen wir den die frühchristliche Liturgie prägenden Zyklus von 532 Jahren („Victorius-Zyklus"). Betrachten wir zuerst die diocletianische Epoche (DIO); sie scheint eine Scharnierfunktion zwischen der Welt der Römer und jener der Araber zu haben, wie die folgenden Synochen zeigen:

1 MOH   = 339 DIO
1 DIO   = 339 IND

Diese Synochen könnte daher so interpretiert werden, dass das diocletianische Zeitalter - die Ära der Christenverfolgung schlechthin! – eine Verschleierung des wahren Sachverhalts darstellt: dass nämlich das mohammedanische Zeitalter nur gerade 339 Jahre nach dem Beginn der römischen Kaiserära anzusetzen ist, dass also eigentlich die Synoche 1 MOH = 339 IND gälte. Es bliebe dann allenfalls noch die Frage offen, ob es sich bei dieser Zeitspanne um Mond- oder Sonnenjahre oder vielleicht sogar nur um Monate handelt. Nun ist allerdings eine Zeitrechnung nach Mondjahren vor Mohammed bzw. Omar nicht glaubhaft; nur religiöser Rigorismus, wie ihn Mohammed und seine Nachfolger praktizierten und befahlen, kann die zivile Einrichtung eines Kalenders derart kastrieren, dass er seiner ursprünglichen Funktion beraubt wird. Möglicherweise wurde aber durch diesen Eingriff überhaupt erst die fortlaufende Jahreszählung erfunden und etabliert, d.h. aus einem kalendertechnischen Rückschritt erwuchs ein chronologischer Fortschritt! Denn was war damals Omars Motiv, als er eine Jahreszählung durchsetzte, die von einem festen Anfangspunkt (also einer Epoche) fortlaufend und immerwährend hochzählte? Er wollte Verträge und Urkunden so datiert sehen, dass man auch noch nach Jahren und Jahrzehnten das jeweilige Datum des Vertragsabschlusses oder der Beurkundung unterscheiden konnte. Omar erhoffte sich wohl, dass damit Streitigkeiten etwa hinsichtlich Laufzeiten von Zinsen, Renten usw. in Zukunft vermeidbar würden.

Hätte es damals schon eine verlässliche Praxis in dieser Art gegeben, dann hätten Omars Ratgeber nichts Neues erfinden müssen. Und es gab wohl genügend persische, christliche und jüdische Kaufleute in Omars Reich, um aus ihrer jeweils unterschiedlichen Datierungspraxis die richtigen Schlüsse zu ziehen. Die hier in Erscheinung tretende Zahl „339" lässt übrigens die „römisch-arabische" Welt des Diocletian in der zyklischen Zeitrechnung der Christen aufgehen, denn es gilt 284 MOH = 339 VIC2. Die Zahl „284" ist die Kennzahl der diocletianischen Epoche. Man würde sich bei diesem zeitlichen Kontext etwa im Jahr 900 CHR befinden – es ist die Zeit, als die Normannen von Westen und Norden und die Ungarn von Osten das christliche Mitteleuropa bedrohten und teilweise verheerten. Der letzte Schritt würde darin bestehen, die zyklisch-antike Zahl 339 (Jahre oder Monate darstellend) als linear-moderne Zahl 1339 zu lesen: Die Geschichte der Normanneneinfälle würde dann vor dem Hintergrund des (verdächtig langen!) Hundertjährigen Krieges stattfinden, und die marodierenden Ungarn wären in Wirklichkeit Truppen des „Ostreichs" – im Klartext: Österreichs! In der Tat nennt Haffner für die Schweiz zwei Phasen der Städtebefestigung zwecks Abwehr von Feinden: um 900 und im 14. Jahrhundert.

Der offenkundig noch zyklisch denkende Trithemius könnte sich in einem Jahr 508 des Victorius-Zyklus gesehen haben; es fiel ihm deshalb leicht, sich an das Auftreten der Kreuze zehn Jahre zuvor zu erinnern und auch gleich ein alternatives Datum dafür zu nennen, denn es gilt ja 499 VIC2 = 774 DIO. Nun gab es aber nicht weit von Trithemius' Heimat Leute, die schon etwas christlicher dachten bzw. rechneten. Sie hatten schon Abschied genommen von der zyklischen Jahrrechnung, die im Grunde immer noch etwas Heidnisches an sich hatte, und sie rechneten jetzt linear auf ein eschatologisches Ziel, auf die Ankunft Christi hin: die Jahreszahlen konnten sich nicht mehr wiederholen, sondern sie nahmen stetig zu auf das (Welt)Ende hin! Unterdessen gab es wohl auch schon neue Berechnungen, wann Christus als Erlöser geboren wurde; das könnte die Differenzen in den Jahreszahlen erklären: (1)498, 1501, 1503. Die Jahreszahlen nach 1500 wurden vermutlich nicht mehr zyklisch, sondern einfach nur linear aufgefasst: man wähnte sich anderthalb Jahrtausende nach Christi Geburt. So haben Astrologen des 16. Jahrhunderts[31] das Jahr 1500, in dem Kaiser Karl V geboren wurde, als eigenständige Epoche gerechnet (notabene

---

[31] Pegius: Geburtsstundebuch; Basel 1570.

gleichwertig zu den Epochen, die Jesus Christus, Julius Cäsar oder Alexander dem Grossen zugerechnet werden).

Für die Erscheinung von 1501 überliefert Haffner die seltsame Beobachtung, dass diese Kreuze selbst auf jenen Kleidern erschienen, die „in Trögen verschlossen" waren. Was auf den ersten Blick als waschechte Bühnenmagie daherkommt, könnte in Wirklichkeit ein verklausulierter Hinweis sein, dass diese Kreuze keineswegs auf mysteriöse Weise vom Himmel fielen, sondern dass sie ganz einfach Embleme auf Kleidern waren, welche die Träger als Mitglieder einer bestimmten Gruppe auswiesen. Man denkt hier unwillkürlich an die Orden, die zur Zeit der Kreuzzüge gegründet wurden, so etwa den 1190 gegründeten Deutschritterorden, dessen Ordenszeichen ein sogenanntes Tatzenkreuz ist. Die Synoche 1501 SLK = 1190 CHR macht die von Haffner erwähnten, ordentlich in Truhen verschlossenen und unversehens mit Kreuzen geschmückten Kleider quasi zu Uniformen dieses Ordens. Hat sich hier Haffner einen bösen Scherz erlaubt? Oder muss man zwei Kreuzerscheinungen unterscheiden, nämlich jene Kreuze, die vom Himmel fielen und jene, die sich vor allem auf den Kleidern der (Ritters)Leute bemerkbar machten?

Trithemius erwähnt diese Kreuze ausschliesslich im Zusammenhang mit Kleidern und niemals als mysteriöse atmosphärische Erscheinung. Die angebliche Begebenheit, dass irgendwelche unheilbringenden Kreuze vom Himmel fielen, wie es Haffner insbesondere für das Jahr 958 registriert, könnte man somit ins Reich der Legenden verbannen. Laut Trithemius' Beschreibung können diese Unheilbringer eigentlich nur marodierende Kreuzritter gewesen sein, denn „in Asien und Palästina folgten Kriege, Pestilenz und Hunger an jenen Orten, wo die Kreuze erschienen". Allerdings gilt es zu bedenken, dass all diese sogenannten „Hospitaliter"-Orden sich weniger wegen ihrer kriegerischen, sondern vornehmlich wegen ihrer karitativen Tätigkeit auszeichneten, indem sie zum Beispiel Spitäler gründeten und sich der Krankenpflege widmeten. So bringt ja auch Haffner den „Kreuzregen" von 958 mit der Gründung von Lazaretten in Zusammenhang.

Nun war das Erscheinen dieser Kreuze gewiss in diversen Quellen bezeugt, die Trithemius wohl kaum schon alle kannte, die aber von Haffner 150 Jahre später problemlos ausgewertet werden konnten: so etwa Quellen aus dem arabischen und persischen Raum. Dort standen wohl ganz andere Jahreszahlen, die mehr oder weniger direkt mit der mohammedanischen Epoche in Zusammenhang standen. Wir sehen dort immer dieselbe Jahreszahl (958) mit jeweils verschiedenen Epochen etikettiert, und wir fragen uns natürlich, ob hinter den angeblich so verschiedenen Epochen in Wirklichkeit ein und dieselbe Epoche stecken könnte. Bei den nur zehn Jahren auseinander liegenden Epochen MOH und APR ist dies in der Tat wahrscheinlich, zumal es ohnehin erhebliche Indizien in diese Richtung gibt.

Wir erinnern uns, dass Theophanes der schreckliche Fauxpas unterlief, Mohammed im Jahr 622 sterben zu lassen - ausgerechnet im Jahr der Hedschra! Wo doch Mohammed erst im Jahr 632 das Zeitliche segnete – nämlich im gleichen Jahr, als auch der persische König Jezdegird eine tödliche Niederlage gegen den jungen Islam erleiden musste, und das seither das altpersische Epochenjahr markiert. Die altpersische Epoche ist somit eine „negative" Epoche, weil sie an den Tod eines Königs gebunden ist. Sie wirkt dermassen künstlich und konstruiert, dass man in ihrem Zusammenhang gewiss von einer Rückrechnung ausgehen kann; eine von beiden – MOH oder APR – oder auch beide relativ zu einer dritten wurden einst rekonstruiert, was durch folgende Rechnung hinreichend gezeigt werden kann: Die Differenz zwischen den beiden Epochen beträgt 911/12 Jahre. Eine solche Differenz entsteht nach 368 1/3 julianischen Jahren im Vergleich zu einer mitlaufenden mohammedanischen Jahreszählung. Grob gerechnet heisst das: Ab der altpersischen Epoche (16.6.632) gelangt man nach 368 julianischen Jahren und 4 Monaten etwa in die Mitte des Oktobers des Jahres 1000. Dies ist schwerlich ein Zufall! Für Komputisten aller Zeiten war und ist der Gedanke an (bevorstehende) Millennien immer präsent, und dies wohl nicht nur aus eschatologischen Gründen, sondern auch aus Gründen der Zweckmässigkeit – von dieser Basis konnte man einfacher in andere Zeitsysteme umrechnen. Im vorliegenden Fall sieht es also danach aus, dass ab einer Epoche „Oktober 1000" eine bestimmte andere Epoche auf unterschiedliche Weise zurückgerechnet wurde, womit scheinbar zwei verschiedene Epochen entstanden sind: nämlich einerseits die altpersische Epoche aufgrund der julianischen Rückrechnung und anderseits die mohammedanische Epoche aufgrund der Rückrechnung nach Mondjahren.

Es ist in diesem Zusammenhang zu bedenken, dass es einige Ären gibt, die ihre Epoche im Oktober haben, so etwa die tyrische Ära (TYR) am 19. Oktober und natürlich auch die Epoche des gregorianischen Kalenders am 15. Oktober. So ist etwa auch die Synoche 1000 TYR = 532 BYZ/12 interessant. Es kommt hiermit die Masszahl 532 der „Grossen Indiktion" ins Spiel, die auch dem Victorius-Zyklus zugrunde liegt. Die Jahrzahl „1000" selbst dürfte infolge einer Fehldeutung oder Verwechslung in die Chronologie gelangt sein. Es gibt die Lesart, dass die „1" - die Stelle des Jahrtausends markierend - eigentlich ursprünglich als „i" oder „j" zu verstehen ist und ursprünglich für „jesu" oder „jera" stand; dies wäre dann christlich als „(im Jahr des) Jesu" oder gotisch als „im Jahr" zu lesen. In den lateinischen Jahrzahlen finden wir bekanntlich den Buchstaben „M", der gemeinhin für „Mille", also „Tausend" steht; griechisch müsste anstelle des „M" allerdings ein „X" (Chi) für „chilioi" („Tausend") stehen. Nun ist „X" aber auch das Symbol für Christus. Eine Jahrzahl von der Form „X.80" könnte also „1080" oder „im Jahr 80 nach Christus" bedeuten. Dieses Beispiel führt uns zur Synoche 1 NPR = 448 APR = 528 ARM = 1080 CHR bzw. zu den Synochen 1 NPR = (10)80 CHR und 1 APR = 80 ARM. Was ist daran bedeutungsvoll? Unter der Annahme, dass es in Wirklichkeit nie eine „altpersische" und eine „neupersische" Epoche, sondern immer nur eine „persische" Epoche gab – dass also APR = NPR = PRS gilt - dann könnte man die

Synochen 1 PRS = 80 ARM und 1 PRS = X.80 CHR postulieren. Kurzum: die armenische Epoche wäre dann in Wahrheit die ursprüngliche christliche Epoche, deren Symbol „X" später als griechisch „chilioi" für „1000" interpretiert worden wäre. Für die ersten Chronologen waren zyklische Jahreszählungen die naheliegende, weil naturgegebene Rechnungsweise, mit grossen Zeiträumen umzugehen. Alle Zeit der Welt war scheinbar zyklisch angelegt: die Umläufe der Sonne, des Mondes, der Planeten und des gestirnten Himmels waren − innerhalb menschlichem Ermessen − so regelmässig zyklisch, dass man damit bequem rechnen konnte, dabei immer grössere Zeiträume beherrschend. Dies war im Prinzip noch bis Scaliger[32] so, dem letzten Chronologen der alten und zugleich dem ersten der neuen Zeit. Hätte er nicht ebenso zyklisch gedacht wie seine Vorgänger, dann wäre ihm wohl nicht in den Sinn gekommen, einen besonders grossen Zyklus zu konstruieren, der mit seinen 7980 Jahren gross genug schien, alle Zeit der Welt, nämlich die schon vergangene seit der Schöpfung und die noch verbleibende bis zu ihrem Ende, zu umfassen. Diese sogenannte julianische Periode konnte daher damals, obschon durchweg aus Zyklen aufgebaut, neuerdings als absoluter Zeitmassstab dienen. Dies war Scaligers eigentliche Innovation, die überhaupt erst eine quasi-lineare Rückrechnung in die Urzeiten der Geschichte erlaubte. Vermutlich gab es im Altertum über lange Zeit nur zwei Arten von Zeitrechnungen:

• die fraktionierte Zeit der Herrschaften (linear-begrenzt)
• die zyklische Zeit der Komputisten (zyklisch-unbegrenzt)

Die Zeitzählung nach Herrschaftsjahren, die natürlich mit jeder neuen Herrschaft wieder von vorne beginnen musste,

---

[32] Siehe Anhang B.

war noch das ganze Mittelalter hindurch die gängige Art der Datierung; aber sie war – da von Menschen gemacht und auf Überlieferung beruhend – höchst unsicher und für längere Zeiträume zu ungenau. Die astronomischen Uhren schienen da genauer zu ticken: Wenn etwa in alten Chroniken von Finsternissen die Rede war, so schien ein Rückrechnung einfach, wenn man nur die zugrunde liegenden Zyklen von Sonne und Mond genau genug kannte. So konnten sich zyklische Zeitzählungen etablieren, wenn auch wohl zunächst nur in jenen Kreisen, die am zeittheoretischen Gedankenaustausch interessiert waren, also etwa unter Astronomen, Historikern und Theologen. Bei diesen Zeitrechnungen wird es sich aber nicht immer nur um „Jahreszählungen" gehandelt haben, vielmehr ist zu vermuten, dass oft die reinen Monatszählungen in der komputistischen und annalistischen Praxis eine ebenso wichtige Rolle spielten, zumal ja letztlich die Mondbahn die für jede Rückrechnung so wichtigen Finsternisse determiniert.

Und daraus könnte sich ein bedeutender Sachverhalt ergeben, der als Fehlerquelle in der Geschichtsschreibung bisher übersehen wurde. Im Prinzip ist es ja kaum vorstellbar, dass jemand eine Chronik nach fortlaufenden Monaten führt. Der Volksmund mag sich noch zu Vorfällen „vor vier Monaten" äussern, aber kaum je „vor vierzehn Monaten" sagen, und niemand wird sich zu Ereignissen „vor 34 Monaten" festlegen wollen, denn diese Zählweise ist offensichtlich allzu unpraktisch. Niemand wird so rechnen – ausser jenen Historikern, die längst vergangene und schlecht dokumentierte Ereignisse aufgrund von Finsternisangaben und diesbezüglichen Rückrechnungen auf der rückwärts gerichteten Zeitachse festlegen wollen. Und diese Zeitachse muss dann unweigerlich in der Gegenwart beginnen und rückwärts gerichtet sein, weil besagte Historiker – da in bisher unerforschte Tiefen der Vergangenheit vordringend – keinen a priori bekannten Anfangspunkt in der Vergangenheit festlegen können. Und eine Zählweise nach Monaten ist naheliegend, wenn v.a. Finsternisereignisse identifiziert und eingeordnet werden sollen. Eine solche Chronik könnte etwa so aussehen:

Monate	Ereignisse rückwärts in der Zeit
12	Sonnenfinsternis.
36	König X stirbt.
96	Stadt Y gegründet.

Chronik A_R

Im konventionellen, d.h. vorwärts gerichteten und nach Jahren zählenden Schema – d.h. bei korrekter Umrechnung der Monate in Jahre - müsste diese kleine Chronik A_R die Form A_V annehmen und wie folgt aussehen (mit der Epoche „ab Gründung von Y"):

Jahre	Ereignisse vorwärts in der Zeit
0	Stadt Y gegründet.
5	König X stirbt.
7	Sonnenfinsternis.

Chronik A_V

Wer nun bei der Chronik „ A_R" nicht durchschaut, dass sie in Monaten gezählt und invers konstruiert ist, der wird daraus eine Chronik „B" machen, die zwei fundamentale Fehler enthält:

1. Sie ist um den Faktor 12 zu lang.
2. Die Ereignisse sind in verkehrter Reihenfolge aufgeführt.

Jahre	Ereignisse vorwärts in der Zeit
12	Sonnenfinsternis.
36	König X stirbt.
96	Stadt Y gegründet.

Chronik B

Wenn nun etwa in Chronik A_R zum Zeitpunkt der Sonnenfinsternis vom Ableben des Königs X die Rede ist, dann wäre das nur eine normale historische Reminiszenz. In der falschen Chronik B hingegen sähe das wie eine Prophezeiung eines noch fernen Ereignisses aus (24 Jahre in der Zukunft). Nun gibt es zweifellos einen ernsthaften historiografischen Kandidaten für genau diese Verdrehung und Verlängerung der Geschichte: es ist die Bibel bzw. Teile des Alten Testaments. Wir finden dort eine ungebührliche Verlängerung der Geschichte bzw. der Lebensdaten bei den Patriarchen und wir sind fast durchgängig mit einem merkwürdigen geschichtlichen Phänomen konfrontiert: nämlich mit der Prophetie. Noch einem anderen kulturgeschichtlichen Phänomen könnte eine Verkehrtheit der wahren Ereignisabfolge zugrunde liegen: der Dekadenz, dem Niedergang einer Zivilisation ohne sichtbare äussere Ursachen, wenn also die höchsten Stufen der zivilisatorischen Entwicklung am Anfang und nicht am Schluss der Geschichte stehen. Fast alle „vorgeschichtlichen" Hochkulturen sind Kandidaten für eine solche Verdrehung der Geschichte. Ein weiterer Effekt der verkehrten Betrachtung der Geschichte betrifft die Arbeit der Historiker. Sie hätten dann nämlich mit immensem Fleiss und viel Fantasie die Anachronismen und Widersprüche in der Geschichte eliminieren oder auf irgendeine Weise „passend" machen müssen. Ist ein solches Szenario realistisch? Ja, leider!

Wenn nun also einige (oder fast alle) der vielen Weltären tatsächlich nach Monaten und nicht nach Jahren zu rechnen sind – eine plausible Vermutung, die Trithemius quasi im Nebensatz als historische Spur legte -, dann müsste in manchen dieser Fälle mit einiger Wahrscheinlichkeit auch eine (abschnittsweise) verkehrte Reihenfolge der Ereignisse vorliegen. Nur schon an diesem Umstand würden dann aber die bisher unternommenen chronologiekritisch motivierten Analysen und Rekonstruktionsversuche scheitern, weil dieses

Szenario bisher schlichtweg nicht in Betracht gezogen wurde. Auf jeden Fall ist die Tatsache, dass Trithemius seine Planetenengel in der „falschen" Reihenfolge aufmarschieren liess, ein weiteres Indiz in diese Richtung.

***

Der erste Übersetzer der Chronologia mystica, der englische Astrologe Lilly, konnte nicht umhin, den Ausführungen des Trithemius einen kritischen Kommentar anzufügen:

Diese durch Trithemius praktizierte Methode hat einigen Widerstand hervorgerufen; etwa die Frage, weshalb die Planetenengel nicht die ordentliche Reihenfolge einhalten, hat das Verständnis jener weniger in Europa, die in diesen traditionellen Wissenschaften bewandert sind, sehr beunruhigt. Ich werde an dieser Stelle meine Meinung zu diesem Sachverhalt nicht äussern, sondern sie dereinst in einer vertieften Abhandlung einbringen, die ich eigens zu diesem Thema zu publizieren gedenke, sofern Gott mein Leben verlängert.

Unterdessen scheint es mir passend darauf hinzuweisen, dass einige, die sich in den mehr geheimen Wissenschaften auskennen, behaupten und mit gutem Grund darauf beharren, dass jeder Engel wirklich in der richtigen Reihenfolge herrscht und zwar nicht 354 Jahre und einige Monate, sondern nur 286 Jahre und 9 Monate; und sie versichern, dass Orifiel im ersten Jahr der Welt, am 18. März, begann; und durch eine kontinuierliche Addition von 286 Jahren und 9 Monaten kann jeder herausfinden, unter welcher Regentschaft wir nunmehr stehen: Da nämlich Gabriel, den sie den Engel Merkurs und nicht des Mondes nennen, am 11. Juli 1466 seine Herrschaft begann, dann sind wir jetzt anno 1647 im 181. Jahr von Gabriels Herrschaft, was erklären könnte, weshalb wir mit so vielen neuen Meinungen etc. konfrontiert sind.

***

Unter den Kennern der Materie scheint es also damals eine grundlegende Meinungsverschiedenheit zu den wichtigsten Einflussgrössen der planetarischen Chronologie gegeben zu haben:

- Länge der englischen/planetarischen Zyklen.
- Reihenfolge der englischen/planetarischen Herrschaften.
- Zuordnung eines Planeten zu einem Engel.

Was könnten Lillys Überlegungen und Kalkulationen gewesen sein? Zunächst will er die Länge des massgeblichen Zyklus verkürzen; er rechnet nämlich implizit

$19 \times 286.75 = 5448$ (LIL, Weltalter nach Lilly)

anstatt

$19 \times 354.33 = 6732$ (TRI, Weltalter nach Trithemius)

Wir setzen hier stillschweigend voraus, dass Lilly an der Anzahl vollendeter Zyklen (19) nichts einzuwenden hat, da er sich hierzu nicht äussert. Im weiteren muss für Lilly der Engel Gabriel in einem anderen Jahr, als es Trithemius postuliert, seine Herrschaft (die 20. insgesamt) antreten:

| 6732 TRI | = 1525 CHR | (Trithemius) |
| 5448 LIL | = 1466 CHR | (Lilly) |

Ein Vergleich mit der Weltaltertabelle (Tabelle 2) zeigt, dass sich Lilly bei seiner Datierung des Weltbeginns in der Nähe der „Hebräer" – also der traditionellen jüdischen Zeitrechnung - befindet; im Jahr 1525 CHR wäre für Lilly das Jahr 5509 der Welt vollendet (auffallenderweise sind dies genau 1000 Jahre weniger als nach der Rechnung des Alfonsus[33]). Lillys Rechnung ist so gesehen nur eine von vielen im 17. Jahrhundert herumgereichten Zeitrechnungen zur Festlegung des biblischen Weltalters. Man könnte daher die von Lilly geforderte Zykluslänge von 2863/4 Jahren einfach als Zufallsresultat aus der Rechnung 5448/19 halten. Denn im Gegensatz zu 3541/3 Jahren, die Trithemius für die Länge eines planetarischen Zyklus nennt und die ja etwa einem Mondjahr entsprechen, scheint die von Lilly genannte Zahl keine kalendarische oder astronomische Bedeutung zu haben. Allerdings hat Volker Dübbers auf die interessante Beziehung $365,25 \times Pi = 286,75 \times 4$ aufmerksam gemacht.[34] In der naturgemäss zyklischen Kalenderarithmetik – und darauf aufbauend vielleicht auch auf den zyklisch operierenden Chronologien - dürfte die Kreiszahl Pi in der Tat eine gewisse Rolle spielen. So liegt etwa der äusserste Ostertermin in einem Normaljahr auf dem 116. Tag des Jahres (nämlich Ostermontag, der 26. April; der Ostermontag gehört liturgisch zum Ostertag); es ist aber $365 / 116 \approx Pi$ (was den Begriffen Osterzyklus, Festkreis und dergleichen eine ganz andere Bedeutung gäbe...).

Wenn wir nun auch Lillys Weltenjahr 5448 als Monatszahl auffassen, wie wir es schon für das Trithemische Jahr 6732 gemacht haben,[35] dann erhalten wir das Jahr 454 (5448 / 12). Dies alles führt uns zu den interessanten Synochen

287 VIC3	=	1466 IND
454 VIC3	=	466 NPR
466 CHR	=	525 IND
466 DIO	=	1525 OLY

---

[33] Alfons X von Kastilien, genannt der Weise, der 1252 die sog. Alfonsinischen Tafeln herausgab, die noch bis in die frühe Neuzeit das astronomische Referenzwerk bleiben sollten.

[34] http://de.geschichte-chronologie.de

[35] Siehe Tabelle 8.

Die beiden epochalen Jahre 1466 (Lilly) und 1525 (Trithemius) lassen sich also relativ leicht über den victorianischen Zyklus synchronisieren; die neupersische und die diocletianische Epochen dienen quasi als Brücke. Wir haben weiter oben gesehen, dass die beiden persischen Epochen APR („alt") und NPR („neu") vermutlich identisch sind. Nun gilt aber traditionell 19 NPR = 466 APR, und diese Synoche wäre allenfalls eine Erklärung dafür, weshalb überhaupt die Zahl 19 als Anzahl der bis dato vollendeten Weltzyklen ins Spiel gekommen ist, d.h. diese Synoche wäre vielleicht ursprünglich so zu lesen gewesen: Im Jahr 466 der (alt)persischen Ära sind 19 (persische?) Weltzyklen vollendet. Ausgehend von Lillys Rechnung (19 x 286.75 = 5448) erhielte man dann in einem Jahr 466 CHR ziemlich genau das Weltalter gemäss Alfonsus (5450); die Abweichung von zwei Jahren könnte dem Problem der genauen Datierung der christlichen Epoche geschuldet sein, die noch lange um die genannte Differenz strittig; überdies könnte man diese Zahlen vielleicht so interpretieren, dass in diesem Zusammenhang „altpersisch" gleich „christlich" zu verstehen ist und Lilly die Weltalterrechnung des Alfonsus vor Augen hatte.

In der Tat dürfte die von König Alfons von Kastilien anno 1252 publizierte Chronologie noch lange das Mass der Dinge in der Zeitrechnung gewesen sein, auch wenn zumindest die zugrunde liegenden astronomischen Berechnungen schon zu Cusanus' Zeiten stark angezweifelt wurden;[36] sie ist auf die Epoche 1. Juni 1252 gerechnet, und Tabelle 14 zeigt den Unterschied zwischen Alfonsus' und Calvisius' Jahrrechnungen bezüglich der damals bekannten Ären.

---

[36] Alfonsus nimmt in Cusanus' Abhandlung über die notwendige Kalenderreform einen prominenten Platz ein (Däppen 2006; s.o.).

Epoche, Ära	Alfonsus	Calvisius
NAB	1999	2000
PHI	1575	1576
SLK	1562	1563
SPA	1289	1290
DIO	967	968
MOH	649	650

Tabelle 14: Das Zeitgerüst des Alfonsus (Calvisius 1685, s. u.).

Man sieht sogleich, dass der modernere Calvisius die Rechnung des mittelalterlichen Alfonsus nur unwesentlich um ein Jahr korrigierte; das von Alfons konstruierte chronologische Grundgerüst - d.h. insbesondere die Abstände der Epochen untereinander - bleibt unverändert. Das könnte bedeuten, dass entweder die frühneuzeitlichen Chronologen (und Calvisius gehört hier zu den massgebenden) die mittelalterlichen Berechnungen bezüglich einiger wichtiger Epochen nicht mehr grundsätzlich hinterfragt, sondern fast unverändert übernommen haben, oder dass die Alfonsus zugeschriebenen Daten nicht original sind. Auch interessant zu sehen, welche prominenten Epochen bei Alfonsus fehlen: OLY, URB, JUL, AUG − also all jene, die dem griechisch-römischen Kulturkreis angehören; hingegen wird jene Ära, die wir als „spanisch" bezeichnen, bei Alfonsus „Ere Cesaris" genannt. [37]

Man ist geneigt, die von Alfonsus genannten Epochen als „orientalisch" zu bezeichnen, und bezüglich der aufgeführten diocletianischen und „cesarischen" Epochen könnte dies bedeuten, dass sie nicht zum „westlichen" Kulturkreis zählten! Damit würde übrigens auch die Christenverfolgung unter Diocletian eine etwas andere geografische und kulturelle Szenerie erhalten. Doch die wichtigste Frage bleibt unbeantwortet: in welchem Jahr

---

[37] Tabule Astronomice Divi Alfonsi Regis Romanoru et Castelle; Venedig 1518.

welcher Zeitrechnung sah sich Alfonsus selbst? War es für ihn wirklich das Jahr 1252 CHR? Wir können das nicht mehr mit Sicherheit sagen, weil seine berühmten astronomischen Tafeln natürlich nicht mehr im Original erhalten sind; sie wurden im Laufe der Jahrhunderte kopiert und „verbessert". Schriften, die fehlerhaft und darum nutzlos waren (zumal Sterntabellen, die als reines Arbeits- und Hilfsmittel galten), wurden damals nicht lange aufbewahrt, sondern bedenkenlos entsorgt – und man hat sich schon bald über die Fehler in den alfonsinischen Tafeln beklagt!

Die peinlich genaue Übereinstimmung der Epochen von Alfonsus und Calvisius (mit einer „akademischen" Abweichung von einem Jahr) lässt eigentlich nur zwei Schlüsse zu: entweder wurde Alfonsus noch 350 Jahre später so geachtet, dass sein Chronologie im Prinzip als richtig erachtet wurde, oder Alfonsus' Chronologie ist in Tat und Wahrheit diejenige des Calvisius und aller Chronologen dazwischen – verbessert und immer wieder auf den neuesten Stand gebracht, wohlfeil zurückgerechnet. So wird in dem vorliegenden alfonsinischen Werk der Abstand zwischen der „ere incarnationis christi" und der „ere alfonsi regis" mit 1251 Jahren und 151 Tagen angegeben (was nebenbei bedeuten würde, dass der Tag der „Inkarnation Christi" auf den 1. Januar gefallen wäre!). Nun ist es aber sehr unwahrscheinlich, dass Alfonsus im Spanien des 13. Jahrhunderts eine so genaue Christus-Datierung verwenden konnte, denn diese Art der Datierung war damals praktisch unbekannt, zumal auf der iberischen Halbinsel die spanische Ära noch bis Mitte des 14. Jahrhunderts vorherrschend war. Ohnehin ist die weite Verbreitung der alfonsinischen Tafeln als unentbehrliches Arbeitsinstrument für Astronomen und Astrologen nicht vor der Erfindung des modernen Buchdrucks denkbar.

Wenn nun an Trithemius' Vermutung, dass einst in der Geschichtsschreibung Monate als Jahre gerechnet wurden und dadurch die Weltgeschichte fälschlicherweise um das Zwölffache verlängert wurde, etwas dran wäre, dann wäre dieser Fehler – oder besser: dieses Missverständnis - wohl schon bei Alfonsus aufgetreten, ja vielleicht gerade dort! Wenn also Alfonsus tatsächlich mit Jahreszahlen wie „1999 ab Nabonassar" hantierte – unabhängig davon, wann genau Alfonsus lebte und wirkte -, dann wäre es nicht abwegig, eine solche Zahl als Summe von Monaten und nicht von Jahren zu betrachten. 1999 Monate entsprächen dann - je nach Umrechnungsfaktor (siehe Tabelle 12) - grob zwischen 150 und 166 Jahren. Es bietet sich hier etwa die Synoche 1 ALF = 1253 CHR = 162 VIC3 an, d.h. der erste Monat NAB käme dann in ein nominelles Jahr 1092 zu liegen. Da die involvierten Epochen nicht synchron sind, müsste man per alfonsinischer Epoche (1.6.1252) allerdings wie folgt rechnen: 1999 (nabonassarische) Monate = 1615/12 (victorianische) Jahre. Das entspricht einem Verhältnis von 12,38:1, d.h. dem Verhältnis zwischen julianischem Sonnenjahr und mittlerem Mondmonat.[38] Wenn wir weiter annehmen, dass es sich bei der Zahl 1092 auch nur um Monate und nicht Jahre handelt, dann erhalten wir genau 91 Mondjahre (1092/12). Wo Mondjahre sind, da ist die mohammedanische Jahrrechnung nach Omar nicht weit: Es gilt nämlich 91 MOH = 710 CHR = 748 SPA. Diese Zahlen kennen wir von weiter oben bzw. aus der allgemein bekannten Chronologie, allerdings mit anderen Etiketten:

1 SPA   = 710 NAB
1 CHR   = 748 NAB

Ab 710/711 erobern die Araber Südspanien und schon bald die ganze iberische Halbinsel. Die in mehreren Phasen erfolgte Rückeroberung (Reconquista) durch „christliche" Mächte ist in ihrem Verlauf und ihrer Chronologie ebenso undurchschaubar wie die arabische Expansionsphase. Nach welcher Methode die

---

[38] Wer genau genug rechnet, erhält dann interessanterweise nicht den 1. Januar, sondern den 17. Dezember als Epoche des victorianischen Zyklus! Am 17. Dezember wurden im alten Rom die Saturnalien gefeiert, deren Bräuche fast unverfälscht in den christlichen Festzyklus (Weihnachten, Karneval) übernommen wurden.

Eroberer wie auch die Rückeroberer ihre Jahre gezählt haben (wenn überhaupt!), wissen wird nicht. Wir müssen uns aber bewusst sein, dass die Ärenrechnung ab Nabonassar (NAB) die wahrscheinlich wichtigste Leitepoche des Mittelalters war und dass sie vielleicht auch das neue Zeitalter der Araber in Spanien determinierte.

Der angeblich 900 Jahre nach Nabonassar lebende griechische Astronom Claudius Ptolemäus gilt als Erfinder der nabonassarischen Ära, was natürlich unseren Verdacht erregen muss. Spätestens seit der amerikanische Astronom Robert Newton in den 70er Jahren die wissenschaftlichen Verbrechen des berühmten Griechen nachweisen zu können glaubte,[39] ist der Ruf dieses Helden der antiken Wissenschaft angekratzt. Auch der russische Mathematiker Fomenko, einer der radikalsten Chronologiekritiker der ersten Stunde, spürte akribisch den Fehlern im Almagest, dem Sternenkatalog des Ptolemäus, nach.[40]

Dabei ist die Auseinandersetzung um die wissenschaftliche Vertrauenswürdigkeit des Ptolemäus überhaupt nicht neu, sondern wurde schon seit dem 16. Jahrhundert immer mal wieder geführt, vermutlich auch weil der Almagest, dieses alte Standardwerk der Astronomie, die in ihn gesetzten Erwartungen nicht (mehr) erfüllen konnte. Wie begründete Ptolemäus seinen Rückgriff auf Nabonassar? „Es bleibt, die Epoche der mittleren Bewegung der Sonne festzusetzen, um für irgendeine Zeit eine bestimmte Position (der Sonne) berechnen zu können. Bei der Erörterung dieser Sache werden wir wiederum jene Positionen des Körpers heranziehen, die wir selbst mit grösster Genauigkeit beobachtet haben, doch wir benützen die mittleren Bewegungen, die wir erhielten, um zum Beginn der Regierung Nabonassars zurückzurechnen zwecks Etablierung der Epochen. Dies deshalb, weil aus dieser Ära die alten Beobachtungen stammen, die als ganzes bis in unsere Zeit überliefert

---

[39] Newton: The Crime of Claudius Ptolemy; Baltimore 1977.
[40] Fomenko: History: Fiction or Science; Paris 2007.

wurden."[41] Es war natürlich auch diese undurchschaubare Vermischung aus beobachteten, gemittelten und überlieferten Daten, die man Ptolemäus zum Vorwurf machte. Ptolemäus' Werte für die Sternpositionen werden aber auch dann falsch und unbrauchbar, wenn man ihn und seine Daten in eine falsche Epoche versetzt. Noch Cusanus im 15. Jahrhundert jedenfalls scheint die Astronomen Ptolemäus (2. Jh.), Thebit (9. Jh.) und Alpitragius (12. Jh.) mehr oder weniger als Zeitgenossen gesehen zu haben.[42]

Aber die Probleme sind hier noch viel radikaler und tiefgründiger, und sie haben schon die Chronologen des 18. Jahrhunderts stark beschäftigt, nämlich die Tatsache, dass man einst Tage irrtümlich als Jahre zählte![43] Dies scheint zumindest in der chaldäischen Chronologie der Fall gewesen zu sein, die auch für die Bestimmung der Ära Nabonassars massgebend ist. Antike Autoren wie Diodorus Siculus gaben zu Protokoll, „dass die Babylonier in einer Zeit von 473000 Jahren die Begebenheiten bis an den Alexander aufgezeichnet hätten".[44] Dies hat man scheint's für bare Münze genommen in der Meinung, die altbabylonische Geschichte sei in Jahrbüchern aufgezeichnet; aber es waren gewiss Tagebücher (wohl hauptsächlich astronomische Aufzeichnungen) und demzufolge die angeblichen, in mythische Vorzeiten verweisenden Jahre effektiv nur Tage. Dies zu durchschauen ist nun auch nicht allzu schwer, denn es sind ja 473000 Tage exakt in 1295 julianischen Jahren enthalten.

Natürlich wurde dieses Problem mit zunehmendem historisch-chronologischem Wissen und Urteilsvermögen bald einmal durchschaut und die Mär der Äonen zurückreichenden mythischen babylonischen Könige ins Reich der Fabeln

---

[41] Übersetzt aus Toomer (Hrsg.): Ptolemy's Almagest; Princeton 1998.
[42] Däppen 2006; s.o.
[43] Jackson 1756; s.o.
[44] Kantz: Abhandlung von dem bekanten chronologischen Verzeichnis, der Canon des Sternkundigen Ptolomäus genannt...; Cöthen 1752.

verwiesen bzw. deren absonderlich langen Herrschaften radikal zurechtgestutzt. Aber vielleicht war man mit der kritischen Analyse des Problems und seiner Auswirkungen nicht gründlich genug. Es geht nämlich um den verflixten Buchstaben M, der angeblich für ein Jahrtausend steht. Die römischen Autoren hätten die Zahl 473000 so geschrieben: CCCCLXXIII.M - oder vielleicht auch so: M.CCCCLXXIII... Wir sehen hier ein Muster, das uns von der Schreibweise für Jahreszahlen bekannt ist, doch das „M" für „mille" bezeichnet hier nicht einen Stellenwert, sondern einen Faktor! Nicht 1000 plus 473 ist hier gemeint, sondern 1000 mal 473.

Nehmen wir mal an, diese Notationsweise sei in anderen geschichtlichen Zusammenhängen, wo ein Bezug auf die Epoche Nabonassars genommen wird, auch so gemeint gewesen, was würde dies dann bedeuten? Hypothetisch könnten wir etwa behaupten, die 1999 Jahre ab Nabonassar bis Alfons dem Weisen anno 1253 seien in Wirklichkeit 999000 Tage gewesen, so berechnet von den Astronomen am kastilischen Hof nach alter chaldäischer Technik; das wären dann etwas mehr als 2735 julianische Jahre. Und da ist es in der Tat seltsam, dass es die Synoche 1253 URB = 2735 HBR gibt. Wir können dies auf zweierlei Art interpretieren: Einerseits könnten Alfons und seine Astronomen ihre eigene Zeit ab urbe condita und nicht ab Christi Geburt gezählt haben; und wenn wir anderseits die Jahreszahl 1253 dennoch konventionell nehmen und davon 2735 Jahre abziehen, dann landen wir im Jahre 1483 v.CHR, und dies wäre das Jahr, in dem nach einigen Quellen die Stadt Troja gegründet wurde.[45]

Wir hätten dann den interessanten, aber nicht überraschenden Tatbestand, dass die Zählungen ab den Gründungen Hebrons und Trojas (und Roms und Karthagos und ...) nicht zu unterscheiden wären, da hier letztlich all diese Geschichten auf mythische Gründungen mythischer Städte zurückzuführen sind; und wie für Wandersagen üblich sind

---

[45] Bucholcerus: Index chronologicus; Frankfurt a.M. 1612.

diese Erzählungen beliebig austauschbar! Die Namen der Städte sind nur vergängliche Etiketten am ewigen Gründungsmythos. Wenn man aber dennoch auf der Schreibweise M.CCCCLXXIII beharrt, dann könnte man natürlich postulieren, dass die Babylonier nicht 473000 Jahre oder Monate, sondern 1473 Jahre vor Alexander mit ihren Aufzeichnungen begonnen haben. Auch dies wäre in gewisser Weise passend, denn etwa um 1790 v.CHR - wo wir mit dieser Rechnung hinkämen - starb Sem, der Stammvater der orientalischen Völker des Nahen Ostens.

Das geistige und kulturelle Umfeld im Spanien des 13. Jahrhunderts mit arabischen, jüdischen und christlichen Einflüssen hat zweifellos auch verschiedene kalendarische und chronologische Konzepte amalgamiert, die der Nachwelt vielleicht als verwirrliche Zeitrechnungen erscheinen mussten. Im übrigen aber waren an Alfons' Werk auch weniger die chronologischen Spekulationen als vielmehr die astronomischen Tabellen von Interesse, und diese wurden noch lange verwertet und auch stets − vielleicht im Gegensatz zu den chronologischen Daten? − auf den neuesten Stand gebracht. Zu Trithemius' Lebzeiten wäre die Chronologie der damals bekannten Menschheitsgeschichte vielleicht noch form- und veränderbar gewesen, wenn man deren inhärente Probleme durchschaut und systematisch erforscht hätte. Aber vielleicht ist das auch nur die trügerische Hoffnung einer scheinbar geschichtskritischen, aber im Grunde positivistischen Denkweise, und wer hätte im übrigen damals Anstoss an einer „falschen Geschichte" oder gar an einer „falschen Chronologie" nehmen sollen? Denn an den alten Geschichten interessierte weniger, ob sie im eigentlichen Sinne „wahr" waren, sondern vielmehr, dass sie exemplarisch und lehrreich und natürlich auch grossartig sein mussten; und da der Gang der Dinge sich einer rationalen Erklärung ohnehin entzog bzw. die Ratschlüsse Gottes unerforschlich waren, hatten auch Wunder und Vorzeichen ihren Platz in den Geschichtsmärchen.

Und so scheint auch Trithemius mit seinen *septem secundeis* ein mystisches Märchen zu erzählen, in dem die Geschicke der Welt durch astromagische Einflüsse gelenkt werden - und der Empfänger dieser Botschaft, Landesherr Maximilian, wird's wohl staunend geglaubt haben! Wir Nachgeborenen jedoch glauben nicht mehr alles, aber wenigstens vermeinen wir, im simpel gestrickten Faden seiner Erzählung „wahre" geschichtliche Muster sehen zu können - zwar manchmal etwas schräg und verfremdet, aber trotzdem als solche erkennbar. Wir würden aber keine Sekunde zögern, die magischen Elemente in Form der planetarischen Geister zu verwerfen! Das mystische Geheimnis an Trithemius' Erzählung könnte jedoch darin liegen, dass das vernünftige eine („ein bisschen wahre Geschichte") ohne das abartige andere („Astromagie") nicht zu haben ist.

A. Planetarische Perioden

Periode	Engel	Planet	Beginn	
			TRI	CHR
I	Orifiel	Saturn	0	- 5202
II	Anael	Venus	354	- 4848
III	Zachariel	Jupiter	708	- 4494
IV	Raphael	Merkur	1063	- 4140
V	Samuel	Mars	1417	- 3786
VI	Gabriel	Mond	1771	- 3432
VII	Michael	Sonne	2126	- 3078
VIII	Orifiel	Saturn	2480	- 2724
IX	Anael	Venus	2834	- 2370
X	Zachariel	Jupiter	3189	- 2016
XI	Raphael	Merkur	3543	- 1662
XII	Samuel	Mars	3897	- 1308
XIII	Gabriel	Mond	4252	- 954
XIV	Michael	Sonne	4606	- 600
XV	Orifiel	Saturn	4960	- 246
XVI	Anael	Venus	5315	109
XVII	Zachariel	Jupiter	5669	463
XVIII	Raphael	Merkur	6023	817
XIX	Samuel	Mars	6378	1171
XX	Gabriel	Mond	6732	1525

A. Geschichtliche Epochen und Ären

Ära (Abk.)	Epoche, Bezeichnung, Erklärung	Nominaljahr per 1.1.1500 CHR
ALF	Ab „Alfonsinische Tafeln" (astronomisches Tabellenwerk im Auftrag König Alfons X).	248
VIC3	532-Jahre-Periode des Victorius v. Aquitanien (3. Zyklus).	409
NPR	Neupersisch; ab Dschelaleddin.	421
APR	Altpersisch; ab Jezdegird.	869
MOH	Mohammedanisch; ab Hedschra.	905
ARM	Armenisch.	949
EXI	Ab Dionysius Exiguus.	968
DIC	Ab Indiktionsrechnung.	1189
DIO	Ab Diocletian.	1216
CON	Ab Gründung der Stadt Konstantinopel.	1220
CHR	Ab Christi Geburt.	1500
v.CHR	Vor Christi Geburt (eine „Vor-Epoche"-Zählung gibt es praktisch nur für die christliche Epoche, wobei es kein „Jahr Null" gibt, d.h. die Jahreszählung springt von 1 v.CHR auf 1 CHR).	
AUG	Ab Augustus.	1527
SPA	Spanisch.	1538
IMP	Ab Imperium des Julius Cäsar.	1544
JUL	Ab Julius Cäsar.	1545
IND	Indisch; ab IMP in Mondjahren.	1592
TYR	Tyrisch.	1624
HAS	Hasmonäisch.	1642
SLK	Ab Seleukos Nikator (in der arabischen Tradition auch „alexandrisch" genannt).	1811

PHI	Ab Philipp.	1824
NAB	Ab Nabonassar.	2248
URB	Ab Gründung der Stadt Rom (*ab urbe condita*).	2252
OLY	Ab erster Olympiade.	2275
TRO	Ab Untergang der Stadt Troja.	2680
HBR	Ab Gründung der Stadt Hebron.	3734
JUD	Jüdische Weltära.	5260
CAL	Weltära laut Calvisius.	5449
TRI	Weltära laut Trithemius.	6707
BYZ	Byzantinische Weltära.	7008

Es handelt sich hier um eine Auswahl der für die ältere Geschichtsschreibung wichtigsten Ären bzw. Epochen. Im normalen Sprachgebrauch werden die Begriffe Ära und Epoche oft synonym verwendet, doch streng genommen bezeichnet die Epoche jenes bedeutungsvolle Datum, das ein (neues) Zeitalter und somit eine Ära überhaupt erst begründet. Die hier verwendeten Abkürzungen sind nach einem neuen und formal einheitlichen Schema gestaltet. Die relative Datierung der Epochenjahre stützt sich im wesentlichen auf das Schema von Calvisius , der die erste Weltgeschichte schrieb, die nach einem durchgängigen chronologischen System (basierend auf Scaliger) konstruiert war. Für die jahrzahlige Entsprechung zweier oder mehrerer Epochen (z.B. 1389 CHR = 1434 JUL) verwende ich den Begriff Synoche. Die Synoche bezeichnet somit eine Synchronisation verschiedener Jahreszahlen unterschiedlicher Epochen.

C. Biografische Notiz

(aus Zedler: Grosses vollständiges Universal-Lexikon; Band 45; Leipzig und Halle, 1745; sprachlich leicht modernisiert)

Trithemius, Thrithemius, Trittenhemius, von Trittenhem, (Johann) ein berühmter Abt, war in dem unweit Trier gelegenen Flecken Trittenheim, wovon er auch den Namen hat, den 1. Febr. 1452 geboren. Sein Vater, Johann Eidenberg oder Heidenberg, war ein armer Winzer daselbst und wurde ihm bereits in seinem ersten Jahr durch den Tod entrissen; seine Mutter aber verheiratete sich nach der Hand an einen anderen Mann, welcher durchaus nicht gestatten wollte, dass er einige Zeit aufs studieren wendete. Da er nun gleichwohl besondere Lust dazu verspürte, fing er endlich in dem 15. Jahr seines Alters an, sich auf andere Weise Rat zu schaffen, und begab sich alle Nächte, wenn seine Eltern schliefen, zu einem seiner Nachbarn, der ihn in dem Lesen, Schreiben und in den Anfangsgründen der lateinischen Sprache unterrichtete. Hierauf lief er vollends heimlich davon und kam erstlich nach Trier, sodann aber nach Heidelberg, woselbst er gute Gelegenheit fand, dem studieren ohne Hindernis obzuliegen. Als er nun hiernächst 1482 von dannen wieder nach Hause wollte und auf solcher Reise wegen des denselben Tag gefallenen grossen Schnees nicht weiter als bis in das Benediktiner-Kloster St. Martin zu Spanheim kommen konnte, glaubte er, dass solches nicht von ungefähr geschehen und nahm deswegen daselbst nur wenige Tage darauf den Orden an.

Wie sich nun von dieser Zeit an sein Eifer im studieren immer vermehret, also kam er in kurzem zu einer sonderbaren Gelehrsamkeit und wurde daher, ob er gleich der allerjüngste in dem Kloster war, sogleich das folgende Jahr in demselben zum Abt erwählet. Nachdem er aber diese Würde 23 Jahre mit ganz ungemeiner Treue bekleidet und mittlerweile nicht allein alle vorhanden gewesene Schulden bezahlet, ingleichen die veräusserten Kloster-Güter wieder herbei geschaffet und die verfallenen Gebäude von neuem aufgeführet, sondern auch die Bibliothek, welche anfangs nur aus 48 und zwar gar schlechten Bänden bestund, bis auf 2000 Stück der besten und schönsten Bücher vermehret, insonderheit aber die fast ganz und gar in Vergessenheit geratene Disziplin und die Studien bei seinen Mönchen wieder in Gang gebracht, liess er sich 1505 von dem Pfalz-Grafen am Rhein Philipp bereden, dass er eine Reise nach Heidelberg tat, um allda wegen des abgebrannten Klosters Limpurg, so Philipp nach Wachenheim verlegen wollte, mit demselben in Konferenz zu treten.

Diese seine Abwesenheit, welche ohnedies wegen seiner dazwischen gekommenen Krankheit etwas länger währte, als er gemeinet, machten sich einige in dem Kloster zunutze und erregten einen so ungewöhnlichen Lärm, dass nicht allein in der Abtei, sondern auch ausser derselben fast alles wider ihn aufgewiegelt wurde. Da er nun diese Nachricht bekommen, wartete er noch einige Zeit, teils zu Köln, teils zu Speyer, was die Sache für einen Ausgang gewinnen würde, und entschloss sich endlich, als die Unruhe sich fast immer vermehrte, nicht wieder dahin zu kehren. Unterdessen bot ihm der Bischof Lorentz zu Würzburg die Stelle eines Abts in dem zu Würzburg in der Vorstadt befindlichen Kloster St. Jacobi an, die er auch 1506 in Besitz nahm und ungeachtet ihn verschiedene Prinzen an ihre Höfe zu ziehen gesucht, in aller Ruhe verwaltete, bis er daselbst den 16. Dezember 1516 mit Tode abging.

Er war ein gelehrter Mann, und nicht allein in der Theologie und Philosophie, sondern auch in der Historie, Mathematik, Poesie und anderen Wissenschaften bewandert, wodurch er denn einige Einfältige in solche Verwunderung gesetzt, dass sie ihn für einen Magum gehalten, wiewohl er zum Teil selbst Ursache mag gegeben haben, indem er an einem Ort bekennet, dass er alle magischen Bücher gelesen. Man legt ihm insbesondere einen geheimen Geist bei, der ihm nicht allein viele Dinge eröffnet, sondern auch sonst gute Dienste geleistet, und erzählt folgende Geschichte von ihm. Als nämlich Kaiser Maximilian seine Gemahlin durch den Tod verloren, habe sich Trithemius erboten, weil er sie herzlich geliebt hatte, sie ihm wieder vor Augen zu stellen, dass er sich an ihrem Anschauen ergötzen könnte. Sie gingen demnach beide in ein besonder Gemach, und nahmen noch den dritten Mann zu sich. Trithemius befahl den beiden, kein Wort zu reden, solange das Gespenst sich sehen liesse. Darauf wäre Maria herein gekommen und fein säuberlich vor ihnen überspazieret und der lebendigen Maria so ähnlich gewesen, dass auch der Kaiser ein gewisses schwarzes Fleckchen, so sie zuhinterst am Halse gehabt, an dem Gespenst bemerket. Hierüber nun wäre dem Kaiser ein Grauen ankommen, daher er den Abt gewinket, er sollte das Gespenst wegschaffen, und hätte darnach mit Zittern und Zorn zu ihm gesagt: Mönch, mache mir der Possen keine mehr; hätte auch bekannt, dass er sich kaum enthalten können, dass er sie nicht angeredet.